1日目　泣いた赤鬼への信頼

シンジ君はあるメーカーの若手社員で、最近、広報・顧客関係管理の部門に異動しました。部門の目標の一つに社会からの信頼向上が掲げられていて、シンジ君はそのための戦略を立てなければならないのですが、順調に進んでいません。うまくいかない原因は自分の経験不足、力不足に加えて、チーム内の人間関係がうまくいっていないことも大きな問題です。社会からの信頼を高めるだけでなく、自分たちの信頼関係を改善することも重要な課題だと感じるようになりました。そこで、学生時代から親しくしている心理学教員であるナカヤチに連絡をとり、仕事帰りに相談に乗ってもらうことになりました。

ナカヤチは信頼の話をするにあたって、童話『ないた　あかおに』を事前に読んでくるよう、シンジ君に伝えてあります。

ナカヤチの説明のベースにあるのは心理学の記述的な信頼研究です。記述的研究というのは、実際に人がどう判断するのか、実際にどういう行動をとるのか、をデータと理論によって明らかにしようというスタイルの研究です。本書では「私たちはこういう条件を備えた人を信じやすい」とか、「相手への信頼に応じて判断の仕方がこんなふうに変化する」という研究成果について、できるだけわかりやすく解説しようと思います。

『ないた　あかおに』のあらすじ

　ある山奥に若い赤鬼が住んでいた。優しい気持ちの持ち主で、ふもとの村人たちとも仲良くしたいと思っている。けれども、残念ながら交流がない。そこで、「おいしいお茶とお菓子を用意しているのでおいで下さい」と家の前に立て札を立てた。通りかかった木こりたちは、立て札の丁寧な書きようを見て、「本気で仲良くしたいんだな」と思い、赤鬼の家に入ろうとした。けれども、家の中がやけに静かなことをいぶかしく思い、「真面目に見せかけて実は騙《だま》して食うつもりに違いない」と、逃げ出してしまう。落胆した赤鬼はやけになって立て札を破壊する。

　赤鬼の友人の青鬼はコトの成り行きを聞いて一計を案じる。それは青鬼が村でわざと暴れ、それを赤鬼が退治して、村人からの信頼を得るという作戦だった。作戦はみごとに成功した。赤鬼が青鬼を撃退した後、村人たちは毎日のように赤鬼の家にやってきてお茶を飲み、楽しく過ごすようになった。赤鬼も嬉しくてたまらない。

　ところが、ある日、赤鬼はふと青鬼のことを思い出した。村での一件以来、青鬼は赤鬼の家を訪れなくなっていた。翌日、赤鬼が雲に乗って青鬼の家を訪ねると、戸口に貼り紙

があり「ぼく（青鬼）と君とが行き来していると知ったら、村人たちは落ち着かないでしょう。だから、ぼくはここを去ります。君の幸せをいつも祈っているよ」と書いてあります。赤鬼は何度もそれを読んで、涙を流して泣きました。

浜田廣介『ないた　あかおに』[1]を筆者要約

赤鬼が信頼できるわけは？

ナカヤチ　やあシンジ君、いらっしゃい。『ないた　あかおに』の話は読んできましたか。

シンジ君　はい。幼稚園で読んでもらって以来で、久しぶりでした。あのときは一緒に泣いてる子もいたなぁ。

ナカヤチ　村人たちは、はじめは信頼していなかった赤鬼を、青鬼の立てた作戦によって「この赤鬼は自分たちに危害は加えない」と信頼するようになった。そういうお話だよね。

さて、ここで問題です。なぜ、村人は赤鬼を信頼するようになったのでしょうか？

シンジ君　それは何といっても、青鬼を退治してくれたからじゃないですか。村人は「おかげで助かった」、「赤鬼ありがとう！」と思ったはずです。

ナカヤチ　そうですね。赤鬼が自分たちに被害をもたらす青鬼を退治してくれた。言い換

えると、赤鬼は自分たちに良いことをしてくれた。良い結果をもたらしたという実績が信頼を生んだと解釈できます。誰だって、自分に良いことをしてくれる人を信頼し、アテにするでしょう。

では、ここで趣向を変えて、元のお話にはない事態を想像してみましょう。

もし、両者が激しく戦った末、赤鬼が負けてしまっていたらどうだったでしょう？　シンジ君が村人なら、負けちゃった赤鬼とはお茶なんて飲みたくないと思いますか？

シンジ君　うーん、そうでもないような。

ナカヤチ　おや？　おかしいですね。この場合、村人は青鬼退治というメリットを得られなかったんですよ。赤鬼は良い結果をもたらさなかった。実績が信頼を生むという理屈からすると、実績がなければ信頼できないということになるはずです。

さらにもし、赤鬼がボコボコにされて大けがをしたとしたらどうですか？「憎い青鬼に何のダメージも与えられなかった。そんな赤鬼などまったくダメ、傷口に塩を塗り込んでやる！」となりますか？

シンジ君　そんなひどいことはしませんよ！　塩どころか、見舞いに行って薬を塗ってあげたくなると思います。自分たちのためにひどい目にあったんですから。

ナカヤチ　ということは、赤鬼への信頼を生んだのは必ずしも青鬼を退治したという実績

ではない、ということになりますね。

シンジ君　そうなりますね。

ナカヤチ　じゃあ、何が信頼をもたらしたのでしょうか。青鬼に勝とうが負けようが信頼が生まれるとすれば、勝った場合と負けた場合に共通する部分に信頼の基盤があるということになります。それはいったい何でしょうか？

シンジ君　……気持ちかなぁ。村人のために青鬼に立ち向かってくれた〝気持ち〟。勝とうが負けようが、村人を守りたい気持ちはあった。

ナカヤチ　なるほど。では、もうひとつ思考実験をしてみましょう。もしも、青鬼から「来週、また村を襲ってやる」と予告状が届いたとしたらどうですか。ボコボコに負けた赤鬼を信頼して、「来週、もう一丁お願いします」と警護を依頼しますか？

シンジ君　絶対にしません！　気持ちだけではどうにもならない問題もありますから。

ナカヤチ　じゃあ、やっぱり負けた赤鬼を信じていないのですかね？

シンジ君　うーん、ややこしいですね。それとこれとは話が別という気がします。

ナカヤチ　警護は依頼しないが、それは赤鬼の戦闘能力が低いと考えるから。この点では赤鬼は信頼できない。でも、重傷を負ってまで戦った赤鬼はいい奴だと思う。この点は信頼できる。そういうことでしょうか。

シンジ君　そうですね。一緒に逃げようって誘うかもしれません。

ナカヤチ　今日はこういった信頼をめぐるさまざまな問題について、心理学の研究成果を交えながら少しずつお話をしていきましょう。人は何に基づいて相手を信頼したりしなかったりするのか、どんなときに信頼は高くなるのか、などがテーマです。

信頼とは

まず、そもそも信頼とは何かを解説しましょう。

信頼という言葉は身近ですが、概念的にはかなりあいまいです。信頼についての心理学の論文では、たいてい冒頭に「信頼概念はあいまいで多様だ」と示し合わせたかのように書かれています。けれども、多様な中にもおおよそ共通する要素があります。それは「相手は自分に被害をもたらすことができる状況にある。しかし、そんなことはしないはずだ」と思い、相手に自分の利害を委ねることです。[2]つまり、相手から被害を受けるリスクがあるからこその信頼なのです。そして、なぜそんなリスクをとるのかというと、その相手と関係を持つことで何らかのメリットが期待できるからです。

赤鬼に対する村人の信頼は、一緒にお茶を楽しむようになったことで表現されています。赤鬼の家で無防備にお茶をする、ということは、赤鬼が乱暴狼藉を働こうと思えばそうできる状況に、村人がわが身を置くということです。しかも、おっかなびっくりではなく、「この善良な赤鬼が悪いことを

するはずはない」と確信し、自分の意思で身を置いているわけです。もし、赤鬼が赤ちゃんのように無力であれば、そのかたわらでお茶や食事をすることには何のリスクもないので、その行為は信頼とは関係ありません。

では、この場合、村人が赤鬼とつきあうメリットとは何でしょうか。童話のように、赤鬼が強いなら、青鬼が襲来したときにまた助けてもらえるというメリットを期待できます。しかしそういった実利的なメリットだけでなく、一緒にお茶を飲みながら会話をするということ自体が楽しい、これもメリットに当たります。実際に童話では、村人はむしろその方向で赤鬼と接しているようです。つまり、リスクのある状況で相手を信頼するのは何らかのメリットを期待してのことが多いが、そのメリットとは必ずしも金銭や財産、身体（の安全）といった即物的なものばかりではなく、もっと主観的な満足や喜びまで含まれる、ということです。

さらに言うと、客観的には相手が自分に被害をもたらし得る状況にありながら、主観的にはそういうことを意識しない、つまり、リスクがあるとかないとか、信頼するとかしないとか、そういうことを考えもせず相手との関係を持ち続ける、という状態が究極の信頼と言えるでしょう。

以上が信頼の概念についての基本的な説明です。

信頼を導く要因

シンジ君　さっき、負けた赤鬼が信頼できるかと想像してみたときに、話がややこしくな

りました。「戦闘能力が低いから警護は任せられない」とか、「でも、村人を守りたいという気持ちは確かだと思う」とか。それで、信頼にもいろいろあるということは何となくわかりましたが、もう少し中身をスッキリさせたいです。僕が悩んでいるのも、「うちの社に対する社会からの信頼向上を考えろ」と言われても、そもそも信頼って何か、中身はどうなっているのか、何がどう変わったら信頼が向上するのか、そういったことがよくわからないところです。信頼とは何かについては先ほど説明していただきましたが、信頼の中身や条件についても整理していただけると助かります。

ナカヤチ　信頼の中身がいろいろあって、単一の要素でないということは、言い換えると、わが身を委ねて、自分の利害を任せようという気になる条件は一つだけではないということです。では、そこにはどういう条件があって、それら条件の間にはどんな関係があるのか？　これは信頼研究の中心的なテーマで、わかりやすく説明するのは難しいけれど、やってみましょう。

では、信頼を導く要因を解説しましょう。

社会心理学ではメッセージの送り手への信頼を規定する要素は何か、という研究が古くから行われてきました。[3]そこで最も初期に出された要素は〝専門性〟です。これは先ほどから話題に出ている

〝能力〟の一部と考えられます。朝、天気予報で「今日は一日快晴でしょう」と気象予報士が言うのを聞いて傘を持たずに家を出るのは、気象予報士の専門能力を信じているからです。この場合、通勤・通学途中で雨が降ったらずぶ濡れになるリスクがありますが、降らなければじゃまな雨傘を持たずにすみ、通勤・通学の快適度が上がります。その意味でメリットを得るためにリスクをとり、気象予報士を信頼していることになります。また、通勤・通学のバスの中で気楽にメールチェックをしたり、本を読んだりしていられるのは、運転手が必要とされる資格と経験を有し、安全にバスを運転する能力があると見なしているからです。免許を持たない、ハンドルも握ったことのない素人が運転していると知ったら、とてものんきに乗ってなどいられないでしょう。

青鬼に敗れ去った赤鬼に警護を任せられないのは、戦闘能力が低いと評価されるからで、これも能力が信頼に大きく関わっていることを示しています。これらのように、誰かを信頼し、わが身を預けるには、相手に適切な能力が備わっているという認識が必要です。そして、能力は資格や経験・経歴、さらには過去の実績などに基づいて評価されます。

では、それ以外にどんな要素が信頼の基盤にあるでしょうか？　たとえば、バスの運転手が非常に高い運転技術を持っていれば、それだけで安心できるのか。おそらくそんなことはないはずです。運転の荒いドライバーのタクシーやバスに乗車してしまって、ヒヤヒヤした経験をお持ちの方は多いでしょう。そういったドライバーは障害物や歩行者ギリギリのところを通過したりしますので、腕前は確かなのかもしれません。でも、そういう運転手だと、たとえ専門能力が高くても、怖くてわが身を委ねる気にはなれません。

このように、能力以外の信頼に必要な要素に、相手の〝人柄〟としてまとめられるものがあります。具体的に言うと、その人は真面目か、一生懸命に努力するか、公正か、正直か、といったような評価要素です。さらには、他者との関係の中で、思いやりがあるか、温かいか冷たいか、といった要素も信頼に関わってきます。

信頼に限らず、誰か他人を評価するときの評価軸として〝能力〟と〝人柄〟があるというのは対人認知研究の基本と言えます。その人が携わる業務に関して有能であり、しかも、自分のなすべき業務に真面目に取り組む人柄なら、自分の利害を任せても大丈夫という気持ちになるというわけです。逆に、無能なうえに不真面目な人に、自分の利害が絡む重要な業務を任せられるわけはありません。

ただ、ひとくちに人柄と言っても、〝公正さ〟と〝温かさ〟は意味する性格特性がかなり違います。さらに、世の中には、仕事熱心だけれども、他人に親切ではない、という人もたくさんいるはずです。これらのように〝人柄〟に当たる要素はたいへん幅が広く、研究者によって考え方が多様です。〝誠実な姿勢〟と〝他者に良い行いをする姿勢〟との二つの要素に分かれると言う研究者もいれば、〝相手への配慮〟という一つの要素にまとめられると言う研究者もいます。[4] もっとシンプルに〝感情〟というまとめ方もあります。[5] 概念的な議論をしだすときりがないほどこの人柄要素には幅があるのですが、多くの調査の結果を見てみるとそれぞれの要素間の相関は高く出ます。つまり、真面目と思われる人は、正直で、努力家で、公正で、他人に配慮する人と思われやすいのです。

本書では、この人柄の要素をまずは〝動機づけ〟というふうにまとめたいと思います。動機づけというのは、日常用語では〝やる気〟や〝頑張り〟に近い概念で、少し堅く言うと、目標達成に向かって

行動を開始させ、維持させる心理学的な構成概念となります。先に人柄の下位要素としてあげてきた真面目さや公正さなどの要素は確かに多様なのですが、機能的な側面に目を向けると、いずれも業務目標に向けての頑張りを生み出す要素と解釈できます。また、動機づけは能力とペアにして考えると信頼の構成要素としてわかりやすいでしょう。先にお話ししたように、有能な人がやる気を出して業務に当たればレベルの高いパフォーマンスが期待できる。この期待こそが信頼の源であり、これらが備わることで自分の利害を任せる気になる、という考え方です。

利害の一致

シンジ君　なるほど。誰かに何かを任せるときには、その人の能力とやる気が重要というのは、ストンと腑に落ちる話ですね。

ナカヤチ　本当にそう思いますか？

シンジ君　えっ！　だって、ナカヤチさんがそう言ったんじゃないですか。

ナカヤチ　もちろん、能力や動機づけは低いより高いほうが良いに決まっています。でも、私は信頼には、より根本的に重要な要素があると思っています。オリジナルの赤鬼の話に戻りましょう。シンジ君が村人だとして、赤鬼が「村のみなさんのために青鬼を退治

信頼学の教室

中谷内一也

講談社現代新書
2347

目次

しました」と言ったら、素直に信用しますか？　それまで、鬼は人を食べると思っていたのですよ。その鬼の一種である赤鬼が、突然、村人のために何かしてくれて、それで仲良くしようと言ってきたら怪しいとは思いませんか？　私は油断させておいて、捕って食らおうとしているんじゃないかという、木こりたちの推論のほうがまっとうだと思います。「あの鬼が食用以外の目的で人間に近づいてくる理由はない」と思えるからです。

シンジ君　そんなふうに考えるなんて、ナカヤチさん、なんか悲しい人ですね。

ナカヤチ　この際、私はどうでもいいのです。シンジ君が私の考えを邪推だとか懐疑に過ぎると思うのは、童話の冒頭で、赤鬼が心の底から人間と仲良くしたがっている状況を知っているからではないですか。でも、村人にはそんな知識はありません。人を食う恐ろしい存在である青鬼が一匹やって来て暴れ出し、そうかと思うと、まもなく赤鬼がやって来て勝手にケンカをしてやっつけてしまう。そのことをもって「赤鬼は人間を食わないんだ」「人間と仲良く暮らしたいんだ」と確信できますか？

シンジ君　まあ、そう言われると、それだけでは難しいかもしれませんね。

ナカヤチ　何年も仲違《なかたが》いしていた知り合いが突然菓子折りを持参して、「これをあげるから、これから仲良くして下さい」と言ってきたら、喜んで菓子折りをもらいますか？

シンジ君　いえ、絶対何かウラがありますから、そんな菓子折りは受け取らないほうがいいです。

ナカヤチ　そんなふうに考えるなんて、シンジ君、悲しい人ですね。

シンジ君　……。

ナカヤチ　冗談です。でも、童話の読み手の立場のように、その知り合いはシンジ君と仲違いしたことを心から後悔していて、本気で仲直りすることを望んでいる。そして、シンジ君がそのことを知っているとすれば、菓子折りを受け入れて、仲直りするかもしれませんね。

　では、信頼の基盤になる別の要素の話に戻りましょう。また、思考実験です。ちょっとややこしいですけど、次のような状況を想像して下さい。

　鬼界では青鬼と赤鬼が勢力争いを繰り広げており、赤鬼は劣勢で民族存亡の危機に瀕している。赤鬼の防御力だけでは青鬼の攻撃を跳ね返すことはできない。同じように、村人も青鬼に苦しめられていて滅亡の危機にあるが、自分たちの防御力だけでは青鬼の攻撃を跳ね返すことはできない。けれども、赤鬼と村人の防御力を合わせると何とか青鬼の攻撃に耐えられる。さて、このとき、村人は赤鬼が自分たちを捕って食うと思うでしょうか？

シンジ君　たぶん、大丈夫だと思うでしょう。もし、村人を食べてしまうとその分の防御力がなくなって、結局、赤鬼族が滅亡することになりますから。赤鬼は自分たちを守るためには、むしろ、村の人たちと仲間になったほうがよい。そのことは村人にもわかるでしょう。

ナカヤチ　そうですね。そして、赤鬼と仲間になったほうがよいという事情は村人にとっても同じです。村人も赤鬼の力がないと青鬼の攻撃で村は壊滅しますから。そのことがわかるので、赤鬼も村人が裏切るんじゃないかと心配する必要はない。赤鬼と村人は、青鬼という共通の脅威にさらされ、そこで生き残るには協力し合ったほうがよいという状況、ひと言で言うと、利害が一致した状況にあります。このとき村人は、「赤鬼は人間を食べようと思えば食べられるけれど、つまり、自分たちには食べられるリスクはあるけれど、赤鬼はそんなことはしないはずだ」と確信を持てるでしょう。つまり、お互いが協力し合って一緒にやっていこうという気持ちになる根本的な理由は利害の一致にあり、それによって、パートナーが高い動機づけを持って能力を発揮するはずだと期待できるというわけです。

道具への信頼、仲間への信頼

シンジ君　理屈はよくわかるのですが、それって本当の信頼ですか？　僕の職場でも、みんな同じ会社で働いているんですから利害は一致しています。職務も分担・連携していて、自分の仕事をスムーズに進めるために表面的には協力します。でも、どうもお互いに相手のことを心から受け入れ、助け合っている気はしないんです。そんな状態を信頼と呼ぶのは、何か違和感があります。

ナカヤチ　どういう違和感ですか？　もう少し掘り下げてみて下さい。

シンジ君　赤鬼・村人連合の話で言うと、結局、赤鬼も村人も自分がかわいいから相手と組んでいるだけですよね。こちらが相手を裏切ったら、まわりまわって自分の身の破滅になる。だから相手を裏切らない。つまり、利害の一致が両者を結んでいる。そんなのを信頼関係って呼べますか？

ナカヤチ　それは微妙なところですね。リスクを負ってまで人を信頼するのは、先ほど話したように、何らかのメリットを得るためです。ですから、他人を信頼する根っ子のところに自分かわいさがあるというのは、定義からしておかしなことではありません。けれども、シンジ君の言いたいこともわかります。自分のために相手を道具として利用する。お互いに相手を道具としてしか見なしていないのに、それを信頼と呼んでいいのか。

シンジ君　そういうことです。

ナカヤチ　赤鬼と村人の共同戦線で考えてみましょう。激しい戦闘で村人に犠牲者が出たとします。そのとき、利害の一致だけが赤鬼と村人を結びつけているなら、村人の死について赤鬼が懸念するのは村人集団の防御力の低下だけです。村人の死を残念がるとしても、それは、大切な武器が一つ壊れたのを残念がることと同じです。

ところが、もし、長年にわたる青鬼からの暴力によって、赤鬼族のコミュニティにも、そして、村人のコミュニティにも、青鬼を悪の象徴とし、青い色を恐れ憎む文化が育まれていたとします。そして、赤鬼も、村人も、相手コミュニティに自分たちと類似した文化や価値観があることを理解していたとします。

さて、青鬼vs.赤鬼・村人連合の激しい戦いで、村人の犠牲者が出たとしましょう。先のような文化のもとでは、青鬼との戦闘によって命を落とした兵士に対して村人は深い敬意を払い、その死を悼《いた》むでしょう。ここで、その村人兵士の葬儀に、共に命をかけて戦っていた赤鬼兵士たちが現れ、骸《むくろ》に向かって最敬礼し、涙を流しながら遺族にお悔やみを述べたとします。この場合には、赤鬼は単に武器の一つが失われたことを残念がっているのではないことがわかるでしょう。

つまり、赤鬼と村人は、青鬼の駆逐という目的を共有し、共同でその目標のために血を流し、そこで生じるいろいろな出来事に対して、悲しみや喜びを共に感じる〝仲間〟となっています。このような関係で相手と助け合うなら、シンジ君の感覚でも信頼関係って呼んでいいと思いませんか。

シンジ君　はい、ただの道具っていうんじゃなく、仲間だというのがミソですね。自分が何に違和感を感じていたのかわかりました。じゃあ、道具から仲間へはどんなふうに変わっていくのですか？

ナカヤチ　「利害が一致する道具同士」から「価値を共有する仲間」への推移の仕方にはいろいろ考えられますね。お互いが利益を求めて共同作業するうちに気心が知れて仲間意識が生まれるということもあるでしょうし、同じように青鬼を憎んでいるということだけで、直感的に仲間だと思うことがあるかもしれません。つまり、相手が、同じ対象に対して自分と同じ感情を抱いていると知って、その相手を信頼できる仲間と思い込むこともあるでしょう。

いずれにせよ、実利レベルでの利害の一致を超えて、大切なものを共有しているという感覚、つまり、価値を共有しているという意識が信頼の源であるという考えがあります。どうやらシンジ君にも支持してもらえそうなこの考えは、「主要価値類似性モデル」[6]と呼ばれます。

ここで主要価値類似性モデルを解説しましょう。

従来の信頼規定要因についてのモデルでは、相手の特定の特性（たとえば、能力の高さや動機づけの強さ）への評価で信頼が決まると捉えられていました。それに対して主要価値類似性モデルでは、信頼は、信頼される側の特性への評価だけで決まるのではなく、信頼する側とされる側の共通性、特に、価値の共有によって決まると考えます。

日本語で「価値」と言ってしまうと、人の生き様はどうあるべきか、とか、民主主義の危機は、といった大げさな問題に限定される強固な信念という印象を持ってしまいますが、このモデルで言う価値はもう少しこぢんまりしたものまで含みます。主義・主張のレベルから考え方くらいまで広がりがあると考えればよいでしょう。

憲法改正、地震対策、温室効果ガス排出削減、原子力発電所の再稼働、といった社会的な問題から、子育て方針、貯蓄・年金計画、コミュニティ活動への参加といったプライベートな問題まで、私たちはいろいろな問題に囲まれて生活していますが、それぞれの問題ごとに私たちはうっすらとした、あるいは、明確な見解を持っています。そして、ここで言う価値とは、提示された問題をどのようにとらえ、その中で何を重視し、どういったプロセスや帰結を望むかといったことです。そして、ある問題に関して自分と相手とが同じような見立て方をし、求める内容が同じと感じられるなら、その相手を信頼するというのが主要価値類似性モデルです。

監視と信頼

シンジ君　「道具か仲間か」ということではずいぶんスッキリしたのですが、まだモヤモヤしています。

ナカヤチ　ほう、どんなふうにですか？

シンジ君　くどくてすみません。やっぱり、赤鬼が村人を食べると赤鬼自身が損をする状況になっていて、その状況にいるうちは、赤鬼は自分たち村人を食べないはずだ、って、そんなふうに思うのが赤鬼への信頼というのは……。

ナカヤチ　なるほど。そこは確かに定義次第で微妙なところなんです。先に紹介した信頼の定義に「相手は自分に被害をもたらすことができる状況にある。しかし、そんなことはしないはずだ」という部分がありましたが、赤鬼が村人を食べると結局は赤鬼自身が死んじゃうっていうのは、実質的に、裏切ることのできる状況とは言えないんじゃないか。そんなふうにも考えられます。すると、この状況での信頼は本当の信頼ではない。シンジ君、ちょっとこの腕時計を見て下さい（と左手首に巻いてある腕時計を見せる）。

シンジ君　はあ、普通の腕時計に見えますが。

ナカヤチ　ところがどっこい、この時計は先端技術が詰め込まれていて、常に私の心拍数や血流量、皮膚電位などの生理学的指標をモニターしているんです。

シンジ君　へえ、そうなんですか。

ナカヤチ　そして、小型爆弾も積まれていて、私が女性と接触して性的に興奮した状態になると生理指標のパターンからそのことが検知され、ドッカーンと爆発するようになっているんです。私の腕が吹き飛ぶだけじゃすみません。半径3メートル以内にいる人は大けがをします。

シンジ君　そんな物騒なもの、早くどこかにやって下さいよ！

ナカヤチ　無理です。この時計を外す暗証番号を知っているのは世界中で私の妻だけなんです。私自身も知りません。無理に外そうとしても爆発します。さて、ここで問題です。

シンジ君　もういいです、帰らせて下さい。

ナカヤチ　そう言わずに、あと1問だけ。この時計をはめた私が浮気をすると思いますか？

シンジ君　そりゃ、無理でしょう。浮気したら腕が吹き飛ぶじゃないですか。

ナカヤチ　そうですよね。私の妻もそう思うはずです。「だから、うちの夫は絶対に浮気しない」と。でも、それって信頼ですか？　私たち夫婦は深い信頼で結ばれていると言えますか。

シンジ君　言えるわけないでしょ。ものすごく疑っていますよ。ナカヤチさん、そんな装置をつけないと浮気を抑えられないんですか⁉

ナカヤチ　私の女性関係は放っておいて下さい。いずれにせよ、私には性交渉する能力があり、幅広く遺伝子を残そうとする生物学的な欲求もあるかもしれない。けれども、浮気することで私に瀕死の代償がもたらされるしくみが整っている。妻はそのことを知っているので、私が浮気しないと確信する。しかし、シンジ君はそんなものは信頼とは認めない。

一方、赤鬼には村人を食べる能力があり、食べたいという欲求もあるかもしれない。けれども、村人を食べると結局は自分が死ぬしくみになっている。村人はそのことを知っているので、赤鬼が自分たちを食べないと確信する。浮気の話と構造は同じでしょ。で、シンジ君はそんな村人の赤鬼に対する信頼も本当の信頼とは言えないと感じる。同じ構造で、同じ判断をしているのでシンジ君の信頼感覚はちゃんと一貫していますね。

確かに、相手の行為が監視され、裏切りに対して制裁が発動されるしくみのもとで、相手は裏切らないと確信することは、信頼とは言えないという考えがあります。[7] 本当に信頼していたら、こんな時計など装着する必要はありません。本当の信頼とは、爆発時計などなくても、夫は絶対に浮気はしないと確信することです。村人が赤鬼を本当に信頼するというのは、たとえ、青鬼が駆逐され、もはや村人の対青鬼防御力が不要になっても、赤鬼は決してわれわれを食べないだろうと確信することに他なりません。

シンジ君　それはそれで難しそうですね。赤鬼に元々人間を食べる性質があるなら、青鬼の脅威が去ったあとは自分たちが食われることになるんじゃないか。そう不安になるのは当たり前のような気がします。

ナカヤチ　そうですね。ですから、信頼の不足を補うために一定の足枷《あしかせ》は必要と思われていて、世の中にはいろいろな監視と制裁の制度があるわけです。けれども、この足枷の存在を前提としてその取り扱い次第で、逆説的ですが、足枷なんて不要だという気持ちになることもある。つまり、監視と制裁の使い方次第で、本当の信頼が生まれることがあります。この問題については後ほど説明しましょう。

企業が不祥事を起こすと、「これからは透明性を高めて外部への情報公開を進め、信頼を取り戻す」と宣言するでしょ。さっきからの議論に基づけば、それは本当の信頼ではありませんね。透明なところで悪いことをしないのはしょせん自分がかわいいから当たり前、と解釈されてしまい、そんなものは本当の信頼とは呼べない。本当の信頼は不透明な状態であっても、情報が外に出て来ない状態であっても、その企業は後ろ暗いことを絶対にしない、と社会から評価してもらうことです。

でも、そのための第一歩として、透明性を高め、情報公開を積極的に自主的に進めることは重要です。「高い透明性や情報公開に基づく信頼は本当の信頼ではない。わが社は本当の信頼を目指すので、不透明な経営を行い、情報はできるだけ秘匿する」と言ったら、人びとからの信頼がどうなるかを考えればわかりますよね。

シンジ君　「こんな爆発時計に支えられる信頼関係は本物ではない。だから、早く取り外してくれ」って言うと、奥さんから一層怪しまれるっていうことですね。どうでもいいですけど、その爆発時計、早く何とかしてくれませんか。

ナカヤチ　大丈夫、ウソですから。

シンジ君　ナカヤチさん、バカですか。

ナカヤチ　私と妻は、お互いを思いやり、相手が不快な気分になるようなことはすべきでない、とパートナーシップについての主要な価値を共有しています。ですから、他の女性に対する私の性的能力や動機づけなどは超越した深い信頼関係にあり、したがって監視や制裁装置は不要なのです。

シンジ君　そういうことって自分で言うとウソくさいですね。

ナカヤチ　しかも、一度ウソくさいと思うと、私の言うことはどんどんウソくさく聞こえてくるでしょう。明日はそのしくみについてお話ししましょう。

1日目のまとめ

・一般に、相手をどれくらい信頼できるかは、その相手の〝能力〟の高さと〝人柄〟の良好さの評価次第と考えられる。

・ひとくちに人柄といっても、その評価軸は、真面目さや公正さ、思いやり等々多様な要素がある。しかし、機能的には自分の業務に一生懸命に取り組み、目標を達成しようとする〝動機づけ〟の高さとしてまとめられるのではないか。

・能力の評価と動機づけの評価以上に信頼にとって重要と考えられる要素がある。それは価値の共有である。

・相手と自分が価値を共有している一つの形態として、いわゆる利害の一致というものがある。しかし、単なる利害の一致は、相手を自分に利益をもたらす道具としてしか見なさないケースもあり得る。

・あることがらについての価値とは、対象となることがらをどのようにとらえ、その中で何を重視し、どういったプロセスや帰結を望むかということ。そういった価値の主要部分を相手と共有しているという認識は、お互いを単なる道具と見なす関係を超え、仲間としての信頼関係をもたらし得る。

2日目　信頼の特徴

1日目は童話『ないた あかおに』を題材にいろいろと思考実験をして、信頼が何から生まれるのかを検討しました。2日目は別の面から信頼の特徴を探り、人は他者を信頼しやすい存在なのか、それとも、信頼しにくい存在なのかを考えてみましょう。

信頼の非対称性

シンジ君　昨日、説明していただいた『ないた あかおに』を例にした話はわかりやすいけれども、あくまで作り話ですよね。ところが、僕が直面しているのは、現実の職場での人間関係や、現実の消費者や取引先からの信頼向上という問題です。何か現実に起こったことで、価値の共有と信頼の結びつきがわかる話はないのですか？

ナカヤチ　もちろんありますよ。価値を共有することで信頼が高くなったという良い話か、価値を共有しないから信頼がダメになったという悪い話か、どちらから聞きたいですか？

シンジ君　じゃあ、良いほうの話からお願いします。

ナカヤチ　残念でした。良い話はあまりないんですよ。

シンジ君　何ですかそれは。どちらから聞きたいか、って尋ねておいて。

ナカヤチ　実はこれも信頼の一つの特徴なのです。さて、ここで問題です。なぜ、信頼が高いという、良い話はあまりないのでしょうか？

シンジ君　昨日、「信頼するとかしないとか、任せることにリスクがあるとかないとか、そういうことを意識しなくなるのが究極の信頼だ」と言っていましたよね。信頼を意識しなくなるなら、実際に信頼が高くてもそれとはわからない。だから、良い話はあまりないように思えるんじゃないでしょうか。

ナカヤチ　そうですね、それも一つの理由です。高い信頼が継続していると、当事者たちにとって当たり前になって、信頼していることを意識しなくなる。たとえば、ある会社の社員たちが営業目標を達成しようと日々働いているとします。それぞれ自分の役割があり、いまのところそれを順調に果たしていると考えて下さい。

この場合、「僕は○○さんを信頼するぞ。××君も信頼するぞ。△△氏も……」などと特に意識することはない。こういった状況で信頼が意識されるようになるのは、信頼できない社員が現れた場合です。そもそも営業目標の達成に意義を感じていないか、あるいは、意義は他の社員と共有していても能力不足かで、いずれにせよ期待される役割を果たせない。そうすると周りの社員がその人の仕事をカバーしなければならず、「あいつは信頼できない、任せてはおけない」と思うようになります。逆に言うと、それまではお互いに、それぞれが役割を果たすと暗黙のうちに期待し合い、それによって組織が動いていたわけです。そして、それが当たり前になって、「僕は○○さんを信頼するぞ」と強く意識することはなくなっていたわけです。

信頼について良い話があまりできないのは、こんなふうに「信頼が高くてもそれが意識されないから」というのが一つの理由です。でも、もう一つの理由として「実際に、信頼は損なわれやすく、築きにくい」という性質があげられます。高い信頼が意識されにくいことと、実際に損なわれやすいこと両方を含めて「信頼の非対称性」と呼ばれます[8]。

ここで、信頼の非対称性について説明しましょう。

他者から信頼を得るには、信頼に足る根拠をたくさん積み重ねていくことが必要で、それには長い時間がかかります。ところが、信頼を失うにはたった一度のまずい出来事があれば十分で、したがって、信頼はごく短時間で失われてしまいます。このように、信頼を築くための時間や一つひとつの根拠の重みと、信頼が崩壊するまでの時間や出来事の影響力の大きさが、非対称的な関係にあることを信頼の非対称性と言います。「得るは難く、失うは易し」ということです。

なぜ信頼は非対称になるのか

ナカヤチ　信頼の非対称性が生じる理由はいろいろあって、その一つはシンジ君が先に答えてくれたことと関係しています。それは悪い出来事は良い出来事よりもインパクトが強いということです。

シンジ君　悪い出来事は強く意識されるけれど、良い出来事は意識されにくいということですね。

ナカヤチ　そうです。仮の話ですが、シンジ君が駅前の通りを歩いていると、前方に私が歩いているのを見かけたとします。そして、そのさらに前方を一人のおばあさんが歩いています。突然、そのおばあさんがばったりと倒れて、そのまま起き上がれない。ところが、私は、倒れたおばあさんに一瞥《いちべつ》をくれただけで、そそくさと脇を通り過ぎてしまいました。さて、シンジ君はどう思いますか？

シンジ君　ナカヤチさんなら、やりかねませんよね。

ナカヤチ　何を言ってるんですか。あくまで、仮の話ですよ。

シンジ君　まあ、びっくりするでしょうね。「ええっ、ここで知らん顔をするっ!?」って。

で、ナカヤチさんを軽蔑しつつ、そのおばあさんの様子を見にいくと思います。
ナカヤチ　そして、シンジ君の適切な対処のおかげで、おばあさんは大事に至らずに済んだとします。その後はどうしますか？
シンジ君　ナカヤチさんがひどい人間であることをみんなに言い触らします。ツイッターで【拡散希望】のひと言を添えて。
ナカヤチ　シンジ君、わりと暗い人ですね。無事に済んだのですから、そこまでしなくてもいいじゃないですか。
シンジ君　いえ、やります。それでナカヤチさんの評判が落ちても自業自得です。周りの人に「ナカヤチさんには気をつけろ」って注意を促すのは、むしろ親切な行為だと思います。
ナカヤチ　わかりました。では、別の設定で考え直して下さい。先ほどと同じように、前を歩いていたおばあさんが倒れてしまった。私はそのおばあさんに駆け寄って介抱を始めたとしたら、それを目撃したシンジ君はどう思いますか？
シンジ君　ナカヤチさん、人助けしているなぁ、良いことしているなぁって思います。
ナカヤチ　それだけですか？
シンジ君　それだけです。

ナカヤチ　何か薄くないですか？
シンジ君　薄いって何が？
ナカヤチ　シンジ君の反応です。私が知らん顔をして通り過ぎたときには罵詈雑言《ばりぞうごん》をツイッターで拡散しようとしたくせに、人助けをした場合は感心するだけですか。私を褒め称えるメッセージを世界中に拡散して下さいよ。
シンジ君　何で、そんなことしなくちゃいけないんですか。倒れている人を助けたって、ある意味、当たり前のことをしただけじゃないですか。
ナカヤチ　ほらね、これが悪いことは良いことよりもインパクトが強いという例です。非対称性どころか、もっとひどいとも言えます。なぜなら、おばあさんを助けるのがプラス10点の出来事なら、おばあさんを無視するというのは考えようによっては私がそこにいなかったと同じことでプラスマイナスゼロ、おばあさんを踏みつけて初めてマイナス10点という理屈だって可能でしょう。ところが、シンジ君は論理的にはプラスマイナスゼロの不作為をマイナス50点くらいに評価しています。踏みつけ行為に至っては……。
シンジ君　間違いなく警察に突き出します。
ナカヤチ　これが信頼の非対称性を生み出す一つ目のしくみ、悪い出来事は良い出来事よりもインパクトが強いということです。広く、「ネガティビティ・バイアス[9]」と呼ばれる私たちの判断傾向の一つの表れと言えます。

じゃあ、二つ目を考えましょう。さっき言ったように、ある日、私が倒れているおばあさんの横をそそくさと素通りするのを目撃したとします。シンジ君は私を軽蔑します。そして後日、またまた私が歩いている前方で、別のおばあさんが倒れたとします。ところが、今回、私はさっとおばあさんに駆け寄り介抱を始めました。さあ、シンジ君、どう思いますか？

シンジ君　きっと、介抱するふりをして財布を盗み取ろうとしているんだと思います。

ナカヤチ　君はいったい、私をどういう人間だと思っているんですか。

シンジ君　すみません。ナカヤチさんがヘンなことばっかり言うもんだから、気持ちがすさんできました。

ナカヤチ　まあ、いいでしょう。なぜなら、その答えはあながち的外れではないからです。倒れているおばあさんの横を素通りするような人間が、次回、おばあさんに触っていたら、改心したと考えるよりも、悪いことをしていると解釈するほうが一般的です。

私たちが接する情報は、必ずしも固定的で明確な意味を持ったものばかりではなく、あいまいで解釈の余地が大きいものもあります。そんな場合、私たちはすでに抱いている相手への印象に応じて、その情報を解釈しようとする。あるいは、悪い印象を持っている人について、良い情報、悪い情報の両方に接する機会があるとしても、良い情報は無視して、悪い情報を取り入れ、元の悪印象を維持する傾向があります。これが信頼の非対称性をもたらす二つ目の理由で、「確証バイアス」と呼ばれます。[10]

シンジ君　じゃあ、元々良い印象を持っていたら、その後の情報を良い方向に良い方向に解釈するということになりますよね。すると、元々信頼が高い人は信頼が落ちにくいということになりませんか。もしそうなら、確証バイアスは信頼が低下しやすいことの理由にはならないのでは？

ナカヤチ　おっ、するどい。半分はその通りです。つまり、元の信頼が高い人について良い情報と悪い情報があると、元の評価に一致する良い情報のほうが重みを持つので高い信頼が維持されやすい。一方、元の信頼が低い人について良い情報と悪い情報があると、元の評価に一致する悪い情報のほうが重みを持つので低い信頼が維持されやすい。これは「信頼の二重非対称性」と呼ばれます。[11]

ですので、信頼が低下しやすいことを強調する非対称性というのは、二重非対称性のうち元の信頼が低い前提での傾向ということになります。ただ、現実的に信頼の問題に取り組もうとするのは、信頼が落ちていて、それを回復したいという場合が多いでしょう。ですので、良い材料が無視され、悪い材料のほうが重視されてしまう形での確証バイアスが効いてくることになります。これについては、調査結果も含めてまた後日、触れましょう。

さて次に、三つ目の理由を考えましょう。私は倒れているおばあさんを無視し、ドサクサ紛れに財布をスリとろうとするような人間だとします。シンジ君、そんな私が、誰もいない駐輪場で他人の自転車が倒れっぱなしになっているのを見たら、立ててあげたりすると思いますか？

シンジ君　それはあり得ないですね。倒れているのが人間でさえ知らん顔するのに、自転車をわざわざ立ててあげたりしないでしょう。そもそも、倒れている人から財布を盗むなんて、良心が壊れているわけですから、人が見ていないところでは悪いことをしたり、借りたお金を返さなかったり、ロクなことはしないような気がします。

ナカヤチ　じゃあ、おばあさんを助けた私ならどうですか。倒れているおばあさんを助ける私なら、倒れている自転車も立ててあげると思いますか。

シンジ君　うーん、何とも言えないですけど、それとこれとは話が違うような。普通、人が倒れていたら何とかしなくちゃって思うだろうけど、自転車が倒れているからって、どうしてもなおさなきゃとは思わないです。

ナカヤチ　そうでしょうね。つまり、ある場面で悪い行為をする人は別の場面でも悪い行為をするだろうと一般化して考える。けれども、ある場面で良い行為があったからといって、必ずしも他の場面でも良い行為があるとは考えない。これが信頼の非対称性をもたらす三つ目の理由で、ひと言で言うと、悪いことは一般化され、良いことは限定的に見られるということです。このため、何か不祥事があると信頼は他の側面にも波及して悪化するのに、良いことがあっても、波及効果で全体的に信頼が高まることはあまりない。

シンジ君　それって、信頼に限らないと思います。定期テストが採点されて戻ってくるとき、最初の科目の結果が悪いと、他の科目も全般的に悪いんじゃないかと悲観的になりますけど、最初の科目が良くったって、この科目だけたまたまじゃないかと疑います。

ナカヤチ　それは君のパーソナリティもあるんじゃないかな。私なんて、最初に戻ってきた科目の点が低いと採点間違いじゃないかと疑いますけどね。

けれども確かに、悪いことは一般化して認識されやすいのに対して、良いことはそうならない傾向はあるようです。たとえば、ある国からの輸入食品の安全性に問題が出ると、輸入食品全般に波及する形で買い控えが起こったりします。けれども、問題となった輸入食品を回収し、輸入を停止しても、「その食品については確かにもう被害は出ないだろうけれど、他の輸入食品はまだ不安」となりやすい。ひどい列車事故が報道されると、列車以外の公共交通への不安も少し高まりますが、その後に列車事故対策を行ったとしても、不安が緩和するのは列車事故に対してだけであって、他の交通機関についての不安はあまり緩和されない。つまり、被害や災害はその原因となった対象だけでなく、それが含まれるカテゴリー全体について、人びとの不安感を高めてしまう。一方、そういった被害や災害のリスクを抑える対策をとると、その対象そのものについての不安感は低下するものの、カテゴリーレベルで不安の低下が波及することはない、ということです。[12]

信頼の非対称性が生まれるしくみは細々《こまごま》見ると他にもありますが、大きなところはこれまでお話ししてきた通りです。ネガティビティ・バイアス、確証バイアス、悪い事象の一般化と良い事象の限定化、などです。

そして、こういった特性を個人個人が持っているように、強力な情報供給元であるマスメディアにも同じ傾向があるので、信頼の非対称性が増幅することになります。新聞記事やニュース番組では、信頼を高める良い話よりも信頼を突き崩す事件の報道量が圧倒的に多いでしょう。事件の犯人が逮捕されると、裁判で有罪が確定する前に、有罪であることを前提として、なぜ、どのようにしてその犯行に至ったのかが事細かに報道されます。あからさまな確証バイアスと言えなくもないのですが、こういったメディアの報道姿勢は読者や視聴者がそのような情報を求めているから生まれてくるものなのです。

たまに、マスメディアが世論を操って人びとの不信感をあおり、社会の歪みをもたらしている、という論評を目にします。確かに、世論の背後には必ずマスメディアがあり、私たちはこういったメディア報道に基づいて、いま社会で何が問題なのかを理解します。ですから影響力は強い。しかし一方で、マスメディアの背後には市民の欲求があるという点も忘れてはならないでしょう。個人とメディアが協同して信頼の非対称性をますます強めていると言えます。

シンジ君　お話、よくわかりました。これまでうかがった内容を会社への信頼に当てはめて考えると、一番大切なのは、信頼を落とすような不祥事を起こさないことですね。一度、信頼を失ってしまうと、企業イメージはそこから負のスパイラルに入ってしまう。ですから、そこは気を引き締めないといけない。ただ正直言って、いくら頑張っても完全無欠の会社なんてあり得ないと思います。想定外に起こってしまった事故や不祥事への対応についてはどうなんでしょうか。一度、信頼が下がってしまうと、もうどうしようもないのでしょうか。

ナカヤチ　その問題についてはこれから数日間、じっくり考えていきましょう。ただ、いったん失った信頼を取り戻すのは容易ではない。それは間違いないところです。

私たちの本質は信頼することに消極的なのか積極的なのか

シンジ君　あまりに単純な疑問で言い出しにくかったのですが、そもそも、何で信頼は非対称なのですか？　つまり、一つひとつのしくみはわかったのですが、なぜ、そういったしくみで僕たちの心は、信頼を下げるように下げるようにできているのでしょうか？

ナカヤチ　根源的な質問ですね。それは、おそらく、今日の私たちの心が形作られてきた進化の過程で、信頼すべきでない相手を信頼してしまった場合の痛手が大きかったからではないでしょうか。

信頼すべきでない、ひどい相手を安易に信頼してしまうと、自身の生き残りにマイナスとなり、子孫も残せない。そのため、何世代にもわたる長い時間経過の中で、騙されやすさをもたらす遺伝子は淘汰されてしまう。結果的に、裏切り者であることを示すシグナルに敏感で、痛い目にあわないように注意をめぐらせる人が生き残り、繁殖してきた。その末裔が私たちであるということです。

一方で、人間は他者と協力することで大きな成果を生み出すことができます。長く続いた石器時代の狩猟生活においても、誰かと組むことによって自分一人では捕まえられなかった獲物を手にすることができたでしょう。農耕社会が成立し、定住するようになっても、役割分担を行い、集団の中で各々が役割を果たすことによって、個人ではなし得なかった生産を可能としてきました。そういう意味で人間は社会的動物であり、協力し合うこと、信頼し合うことは必要です。

ところが、この協力関係においては相手を裏切る誘惑が存在します。協力し合って生み出された大きな成果は、公正に分けるよりも独占したほうが、あるいは、自分の取り分を不公平に多くしたほうが生存に有利です。こういう状況で、「人間というのは公正な善人ばかり」とお花畑感覚でいると、協力行為の成果を独り占めしようとする悪人につけこまれ、供出した労力に見合うリターンを得られなくなるでしょう。そうすると自分の生存は危うくなり、子孫を残すこともできなくなる。

一般に、協力することが必要だからこそ、裏切りは抑制されます。なぜなら、一度相手を裏切ってグループ内で悪評が立つと、そんな人間と組むのは誰もが敬遠するので共同作業の一員に入れてもらえなくなり分け前にもあずかれなくなるからです。そうなると裏切った人自身にとって致命的です。このため、たいていの人は、ズルをする誘惑はあっても協力関係において公正に振る舞い、それがデフォルト（暗黙のルール）となります。

公正な振る舞いがデフォルトなら、そこでは公正な人を見分ける能力よりも、こちらにとって致命的な裏切りをおかしかねない、信頼すべきではない人間を見極めることが重要になります。そのため、信頼できないことを示すシグナルに敏感で、人間関係について慎重なほうが適応的だったと考えられます。このようにしてお花畑感覚の人は淘汰され、不信の臭いをかぎ分けられる人が残った。それが信頼の非対称性という形をとっていると考えられます。

シンジ君　なるほど。疑い深いほうが適応的なので、信頼は非対称というわけですね。

ナカヤチ　本当にそう思いますか？

シンジ君　えっ！　またこのパターンですか。ナカヤチさん、自分で説明しておいてひっくり返すのが好きですね。

ナカヤチ　はい、人にひっくり返される前に、自分からひっくり返すクセがあります。

シンジ君　面倒くさいですね。疑い深いほうが適応的ではないんですか？

ナカヤチ　ええ、確かにお花畑は困りますが、疑い深ければそれで生存や繁殖に有利というわけでもありません。少し、自分の日常生活を振り返ってみて下さい。日々、世界中から輸入された食材を使って豊かな食事をとり、夏は冷房、冬は暖房の効いた家屋で快適に過ごす。かつては致命的だった伝染病も衛生的な上下水道の完備で抑えられている。スマートフォンやネットを使って音声や映像をやりとりし、電車や自動車を使って高速に遠方まで通勤、通学する。

シンジ君　そう考えると、普通の生活がものすごい文明や科学技術に支えられているような気分になります。

ナカヤチ　気分じゃなくって、実際にそうなのです。では、今度はシンジ君がご両親、きょうだいだけの力で孤立して生活していると考えて下さい。他人と関わると搾取されるかもしれないので、それを恐れ、信頼できる血縁者だけで生活をしています。直系のご先祖様が編み出した技術は継承していますが、他者との技術的、文化的交流はありません。さて、どんな暮らしが想像できますか。

シンジ君　『大草原の小さな家』みたいな生活ですね。自分たちの畑でとれた野菜を食べ、森から切り出した材木で家を建てる。自給自足で素朴な暮らしというところでしょうか。

ナカヤチ　シンジ君、わりとメルヘンな人ですね。でも、大草原の小さな家と言うと素敵に聞こえますが、先ほど振り返った日常生活と比較してみて下さい。自分の畑だけでは作物のバリエーションが少ないので栄養が偏るでしょうし、不安定な天候が2～3年続いただけで飢餓に瀕するかもしれません。電力供給もありませんので室温管理は限定的で真夏、真冬の厳しさは身体に堪《こた》えるでしょう。スマホやネットも自給自足の素朴な生活から生まれ出るとは考えられませんし、内燃機関を装備した交通手段が実現することもないでしょう。

こういった、現代社会の日常生活と自給自足生活との差分は、人間が血縁を越えた協力関係をとり結び、社会を構築することで実現してきたのです。何が現代文明を生み出したか？　と問われると、たいていの人は人間の高い知力だと答えるでしょう。もちろんそれは正解ですが、それだけではない。他者と協力し合える性質がなければ今日の暮らしは実現していません。

そして、協力関係というのは先ほど言いましたように、裏切られたり、独り占めされたりするリスクがあります。けれども、そのリスクを受け入れていったんは信頼するからこそ協力が可能になり、それによる知識の蓄積、革新的技術の伝播《でんぱ》と改善によって今日の日常が築き上げられたと言えます。

こうして考えると、過剰に猜疑《さいぎ》的で、どの人もこの人も私を搾取するんじゃないかと疑って誰とも協力関係は結ばない、信じるのは自分と家族だけ、という姿勢は適応的ではないことがわかります。自給自足の暮らしは一見、牧歌的ですが、本当は過酷で、非衛生的で、成人に達する確率も低く、長生きして子孫を繁栄させるのはなかなか難しいでしょう。他人を信頼しないライフスタイルが適応的とは言えないはずです。

話をわかりやすくするために現代の生活に当てはめて考えてみましたが、そもそも、狩猟採集時代のほうが、社会関係からの孤絶は即、命に関わります。何人かの集団なら協力して大きな動物や素早い動物を捕まえられても個人では難しい。仮に、単独行動で採集するにしても、集団で持ち寄り分配することで収穫が極端に少なくなるリスクを下げることができます。個人だと狩猟や採集の収穫は不安定で、不猟が少し続くだけで簡単に飢餓に瀕します。ケガや病気をしやすい生活で動けなくなることもあったでしょうが、そんなとき他者の援助がないことは死を意味します。

つまり、社会関係には個人の生存に必要なバッファ（緩衝）機能が備わっているのです。狩猟採集の時代から集団生活を営む人間は、裏切られるリスクを背負ってでも協力関係の中に身を置くこと、言い換えると、人は文明生活以前から他者を信頼することが必要だったのです。

シンジ君　それはそれで納得できる話ですが、じゃあ結局、どっちなんですか？　人間の心は他人を信頼しにくいようにできているのですか、それとも、信頼しやすいようにできているのですか？　信頼の非対称性の話は実感として納得できますし、一方で、信頼すればこそ石器時代を生き残り、文明を築いたという話もよくわかります。

ナカヤチ　一つはバランスの問題と言えます。万人が善人と思い込むお花畑のような傾向は淘汰されるでしょうし、逆に、自分以外の誰も信頼しない人も適応的ではないでしょう。たいていの人はその中間でバランスをとるのに苦労しています。

もう一つは視点の問題です。信頼関係について何か対処しなければいけない立場に立つときは、信頼が崩れやすいという非対称性の視点が必要でしょう。たとえば、会社の部課内で相互の信頼が損なわれ、そのため組織的なパフォーマンスが悪化している、いろいろな手を打つが思うように改善しない。そんなときに問題を整理したいなら、信頼の非対称性モデルはヒントになるでしょう。

シンジ君　それ、僕がいま置かれている状況ですね。確かに、信頼の非対称性の話をうかがっていて、部内で揉《も》め出したときの実例が次々と思い浮かんできました。もう何を言っても、何をやっても悪い方向にしか考えられなくなって、自分たちでは収拾がつかなくなりました。

ナカヤチ　メーカーで自社製品の安全性についてリスクマネジメントしている人が消費者の信頼の特徴を知りたいときや、行政マンが事故対応を行った後に市民やマスメディアがどのような反応を示すかを理解したいときなども同じです。

つまり、現実の中で信頼について具体的な問題を抱え、問題解決に取り組もうとする立場では、狩猟採集生活を前提に信頼の必要性を思考実験するよりも、信頼は崩れやすく、築きにくいという非対称性に配慮すべきでしょう。

一方、もっとマクロで長期的な視点に立って〝そもそも論〟を考えるなら、信頼が社会の形成、維持に不可欠であり、したがって、私たちの社会が崩壊していないということは信頼が崩壊することなく機能しているから、という点を思い出すべきでしょう。信頼が社会を支え、有効に機能している面を見逃しやすいことが信頼の非対称性の一つの特徴ですが、信頼を分析しようとする人までがこれに搦《から》め取られ、ステレオタイプ的に信頼の崩壊を唱えるのはおかしなことです。

人間がわずか数千年の間に今日の文明社会を築き、広範に環境を変化させ、他の生物種の存続を危うくするまでにはびこったのは、協力し合う種だからです。血縁を越える他者への信頼が重要な役割を果たしていることは間違いありません。

では、なぜ人が他者を信頼し、協力し合えるようになったのか。実は、これはダーウィンの時代から議論されてきた謎であり、今日の社会科学や人類学のホットな研究テーマであり、まだ解決していない問題の一つでもあるのです。

これまでの論争において大いに議論された考え方に「集団選択」というものがあります。たとえば、かつてある地域で二つの部族が争っていて、一方はメンバーがグループのために最善を尽くし、他のメンバーもそうであることを信頼し、協力し合う性質を持っているとします。ひと言で言うと結束が強い。もう一方は、メンバーが利己的で戦闘でも負傷を避けることだけを考え、他のメンバーも信頼できないので協力し合うこともない。もし、他の条件が同じなら、これら二つの部族の争いでは結束の強いほうが優位に立つでしょう。こうした部族間の争いが、各地で長い期間にわたって発生し、利己的部族が敗者として淘汰されていったとします。すると、協力傾向の強いメンバーで構成される部族が生き残って子孫を残し、そのため現在の人間はお互いを信頼し、協力し合う性質を備えている。これが集団選択の論理です。

シンジ君　スジの通った話のように思います。

ナカヤチ　ところが、大きな問題が一つあります。それは、協力傾向が強い部族にあっても、その強さには個人差があって、自らリスクを負い労力を差し出そうとする協力傾向の強い個体は、相対的に利己的な個体にただ乗りされやすく、何世代かの長い時間を経ると、その集団から淘汰されてしまいます。そうすると、協力傾向の強かった部族も結局は利己的な性質のメンバーばかりになる。

　集団選択の考え方には、こういった論理的な問題点があります。さらに、群れをつくる動物にしばしば見られる、表面的には集団のための自己犠牲的な行動も、実際にはその個体の生き残りのための行動と解釈できることが多いのです。これらのことから、集団選択という考え方は一時ほぼ否定されました。[13]

しかし、結束の強い集団内で、相対的に利己的傾向の強い個体が協力的な個体を食い物にできないようなしくみを想定でき、そのしくみの存在が事実として確認されたなら、集団選択は人間の利他性や協力傾向、信頼を説明する理論として復活してきます。現在も、集団選択はあり得ないことだと否定する論者と、いくつかの証拠を提示して集団選択を支持しようとする論者とが争っています。[14]

この話に深入りするとシンジ君の悩みから離れてしまいますので、このあたりにしておきますが、他者を信頼し協力しようとすると利己主義者の餌食になってしまうのに、なぜ、人間は他者を信頼し、今日の文明社会を築けたのか、そのしくみはどうなっているのか、こういった問題に答えることは社会科学の大きな課題なのです。今日はこれくらいにしておきましょうか。

２日目のまとめ

・一般に、信頼は得にくく失いやすい。信頼構築には時間がかかるが、信頼の崩壊はあっという間に起こる。これは信頼の非対称性と呼ばれる。

・信頼の非対称性が生じる理由は、悪い出来事は良い出来事よりもインパクトが強いという「ネガティビティ・バイアス」、悪い印象を持っている人について、良い情報は無視し、悪い情報を取り入れて元の悪印象を維持する「確証バイアス」、何か不祥事があると信頼は他の側面にも波及して悪化するのに、良いことがあっても波及せず全体的に信頼が高まることはあまりない「悪い事象の一般化と良い事象の限定化」などにある。

・人間が文明社会を築いたのは単に知能が高かったからだけではなく、相手を信頼し、協力し合える傾向を持っているから。なぜ、そのような性質を備えるようになったのかは現在でも完全には解明されておらず、主要な研究テーマの一つである。

3日目　価値共有から信頼へ

2日目は、信頼は得にくく失いやすいという非対称性について説明した後、人類が今日の文明社会を築くことができたのは知力が高かったからというだけでなく、他者と協力し合ったからであって、それには信頼が不可欠であったという議論をしてきました。これらの議論は、元々、価値共有が信頼を高めるというプラス側の実例が少ない、というナカヤチのコメントから出発したものでした。3日目は、この出発点に戻って信頼を高めたと思われる事例を紹介しましょう。

DJポリス

シンジ君　昨日は、最後に大きな話題になってきて面白かったです。でも、少し最初の問題から離れていったので戻させて下さい。結局、価値の共有で信頼が高まったという実例はないんですか?

ナカヤチ　いえいえ、もちろんある、と言ったじゃないですか。〝DJポリス〟って覚えていますか?

DJポリスは警視庁機動隊に所属するある警察官の愛称です。DJポリスが脚光を浴びたのは2013年6月4日、サッカー日本代表がオーストラリア戦に引き分けてワールドカップ出場を決めた日に、渋谷駅前のスクランブル交差点でみごとな群集誘導を行ったことによります。元々渋谷駅前スクランブル交差点は歩行者量の多さで知られていますが、この日は試合結果に興奮したサッカーファンが大挙してなだれ込み、大混乱に陥ることが予想されていました。そのような予測が立つ場合、警察は警備態勢を敷きますが、興奮して騒ぎたい人たち、それを見物したい人たちが集まって群集となっているのですから、警察の指示に従わない人や、あえて挑発行為を行う人もおり、混乱の中で負傷者や逮捕者が出ることが往々にしてあります。

ところが、この日、指揮車の上でマイクを握った警察官は巧みな話術で群集の心をつかみ、大きなトラブルもなく事態を収め、のちにDJポリスと呼ばれるようになったのです。当日の警察の仕事は、群集に信号を守らせ、歩道を歩かせて交通事故を防ぐこと、将棋倒しや群集雪崩《なだれ》を避けるためにゆっくりと移動させること、駅に向かって群集を動かすこと、などでした。そのために、通常通りの「信号はまもなく赤に変わります。無理な横断はやめましょう」「危ないですから、道を広く空けて下さい」といった呼びかけもしているのですが、全体的に警察官の言葉とは思えないユーモアのある柔らかい呼びかけを行いました。

いくつか、発言内容を拾ってみましょう。

・目の前の怖い顔をしたおまわりさんも日本代表のワールドカップ出場、実は喜んでいるんです。みなさんと同じ気持ちです。
・おまわりさんもみなさんのチームメイトです。どうか、チームメイトの言うことにもしっかりと耳を傾けて下さい。ご協力をお願いします。はい、肩車をしている方、降りましょう。危ないですよ。
・サポーターのみなさんのチームワークで、しっかり、車道にいる方を歩道に上げられるようにしてあげて下さい。みなさんのチームワークをお願いします。日本代表のようにサポーターのみなさんのチームワークも見せて下さい。
・はい、みなさん、フェアプレーのチーム、日本代表のサポーターにふさわしく、ルールとマナーを守った行動をお願いします。ご声援ありがとうございます。どうか、駅の方向にお願いします。
・おまわりさんも、こんなよき日に怒りたくはありません。いいですかみなさん。だから、おまわりさんの整理誘導に合わせて、ゆっくりと安全に進んで下さい。いいですかみなさん、約束してくれますか。（群集「ハーイ」）はい、ありがとうございます。それではゆっくりと前に進んで下さいね。

・どうかここに集まっているみなさんが日本代表を応援する一つのチームとなって、ここにいるみなさんが安全に歩道に上がれるように広く道を空けて下さい。ここに集まっているみなさんは日本代表、12番目の選手です。みなさんはチームメイトです。
・（おまわりさんコールを受けて）声援も嬉しいですが、みなさんが歩道に上がってくれるほうが嬉しいです。
・おうちに帰るまでが応援です。
・（交差点を走り出す人に向かって）そういう行動はイエローカードです。

シンジ君　ＤＪポリスの話は聞いたことがあります。たしかに楽しそうです。一度、ライブで聞いてみたいですね。

ナカヤチ　コンサートじゃないんですよ。と言いつつ、私も生で聞いてみたいです。そんな野次馬が増えるとかえって混乱するかもしれませんが。

それはおいておくとして、シンジ君は、なぜこのＤＪポリスが成功したと思いますか？　たくさんの人が集まって、思うように身動きがとれなくてイライラしてもおかしくないはずなのに、暴れ出すグループもなく、ひどい結果にはならなかった。比較的スムーズに人の流れを駅の方向に向けることができたのはなぜでしょう？

シンジ君　それは呼びかけにユーモアがあったからじゃないですか。イライラしているときに、高圧的な言い方をされたら一層、不愉快な気分になります。身動きできない状態で、警官からああしろ、こうしろと言われても、動きがとれないんだからどうしようもない。そんなときは、ちょっとしたきっかけでケンカが起こるかもしれません。

でも、面白いことを言われると笑えてきて、そうすると力が抜けますよね。笑っちゃうとイライラも収まって、まあ、おまわりさんの言うことを聞いておこう、ってなったんじゃないですか。

ナカヤチ　そうですね。話し方にウィットがあって柔らかく、それが有効だったことは間違いないでしょうね。でも、面白ければそれでいいと言うなら、群集誘導はお笑い芸人にやってもらうほうがいいということになります。最近は素人でも面白いネタを持っているストリート漫才師がいますが、彼らに渋谷駅前のスクランブル交差点の誘導を任せてうまくいくと思いますか？

私は群集がＤＪポリスに従ったのは、その場の価値を共有できたからじゃないかと思います。その場の価値というのは、もちろんサッカー日本代表のワールドカップ出場です。これが叶うかどうかというのがサッカーファンにとって大きな関心事で、それがうまくいってみんな大喜びしている。

通常なら、大喜びしている群集を制御しようとする警察は喜びに水を差す存在です。そもそもふだんから若者と警察がフレンドリーな関係にあるわけではないので、警察官は彼らの興奮したエネルギー発散の矛先になりやすい。中には暴れてやろうという〝確信犯〟がいるかもしれません。それで、警察官相手にトラブルを起こして公務執行妨害、というのがおきまりのパターンです。つまり、普通、興奮した群集はそれを抑え込もうとする警察と敵同士という関係になりやすいのです。

ところがＤＪポリスは違っていた。「おまわりさんも日本代表のワールドカップ出場、実は喜んでいるんです。みなさんと同じ気持ちです」。ここで表現されているのは、日本代表のワールドカップ出場という共通の関心事があり、その成功に共に喜んでいるという構図です。ある対象について同じような見立て方をして、同じ感情を抱く、これはおまわりさんが群集を構成する人たちと価値を共有しているというアピールになっています。敵同士ではなく、上から目線でもなく、価値を共有するフラットな仲間同士であるというメッセージが「おまわりさんもみなさんのチームメイトです」という言葉に表れています。

シンジ君　でも、価値を共有していればそれでいいんですか？　お笑い芸人ならうまくいくのか？　っておっしゃいましたけど、それで言うなら、日本代表の熱心なサポーターならうまくいくのか？　って疑問が湧きます。

ナカヤチ　そうですね、それだけでうまくいくならサポーター組織のリーダーにやってもらえばよい、ということになります。でも、その肩書きだけで群集が指示に従うかどうかというと怪しいですね。サポーターのリーダーに交通整理を行う権限はありませんし、話し方や振る舞いから好ましい人柄だと見なされなければ、言うことは聞いてもらえないでしょう。

従来から信頼に必要な要素として、能力があると見なされること、人柄が良いと見なされることが重要とされます。能力は専門性や技術、経験、そして資格などに基づいて評価されます。スクランブル交差点の交通整理だと、その任に当たる警察官だということで専門性や資格、権限などが認知されるでしょう。一生懸命に真面目に交通整理業務に取り組む姿から、人柄も良いと評価されるでしょう。

私が指摘したいのは、価値の共有以外は不要だとか関係ないということではありません。そうではなく、能力や人柄を生かして信頼を引き出すためには、根っ子に価値の共有が必要なんじゃないかということです。交通整理の警察官で言うと、群集が警察官を「われわれを早く消散させることに価値を置いている連中」というふうに見なすならば、交通整理の権限があり（能力）、一生懸命に業務に取り組んでいる（人柄）と認知されても信頼は得られないでしょう。むしろ、権限や熱心さは「権威を笠に着て、われわれの喜びに水を差すことに熱心」と解釈され、反感を買うことになるかもしれません。

敵対する相手ではなく、価値を共有する仲間同士、と感じられるかどうかが信頼を引き出すには重要だということです。そして、通常であれば（敵対とまではいかなくても）親和的とは言えない群集と警察官が、サッカー日本代表のワールドカップ進出という価値を共有することで、仲間感覚がもたらされた。これがＤＪポリスの成功の一因と解釈できるのです。警察官に従って交差点を歩くという行為は、必ずしも信頼の定義に当てはまらない部分もありますが、何が信頼を導くかを考えるときにたいへん参考になるでしょう。

シンジ君　なるほど。おまわりさんが仕事をするうえでは市民からの信頼が欠かせないでしょうから、おまわりさんはＤＪポリスの技術を修得したほうがよいですね。

ナカヤチ　うーん、そこには少し難しい問題がありそうです。確かに、市民の心のありようを理解することは重要だと思います。けれども、ＤＪポリスのやり方がうまくいって広まれば広まるほど、ＤＪポリスのやり方はうまくいかなくなるんじゃないかと思います。

シンジ君　何かややこしいですね。どういうことですか。

ナカヤチ　つまり、相手と価値を共有していると表明することが信頼を得るためのテクニックとして使われると、本当の価値を反映してはいないと解釈されるようになるだろうからです。

たとえば、人気アイドルグループのコンサートで雑踏警備する係員が、毎回、毎回「私たちも大ファンなんです。だから指示に従って下さい」と言うと、「この警備員たちは価値を共有しているように見せかけて、ファンのふりをしているが、本当は誘導することが一番の目的なんだ」と思われるでしょう。価値を共有していないどころか、自分たちが価値を置く対象を道具として利用している。そんなふうに思われると、かえって摩擦が起きそうですね。

熱心な阪神タイガースファンに向かって「あんたタイガースファンやな。ワシもタイガースファンや。そやからワシを信頼して金貸して」なんて言ったら、相手がガチのファンであればあるほど「くだらんことに、大事なタイガースを利用するな！」とかえって信頼を失うでしょう。特にタイガース敗戦の翌日は危険です。

DJポリスがうまくいったのは、おまわりさんも本当にワールドカップ出場を喜んでいると、人びとが信じられるような状況であったから。つまり、日本中がワールドカップ出場決定に沸いたからだと思います。

シンジ君　その、ワールドカップ出場に匹敵するような、企業と消費者が熱狂的に共有できる価値なんてあるのでしょうか。

ナカヤチ　スポーツやさまざまなイベントを運営する企業ならともかく、一般には企業と消費者が熱狂的に喜び合うことはあまりないでしょう。だいたい、熱い感情でつながる会社と消費者って、何か気持ち悪いですよね。

大切なのは熱狂することではなくて、価値の共有です。自社が提供する商品やサービスがターゲットとする消費者の重要な価値をうまくとらえているのか、企業の姿勢が消費者の価値を反映したものになっているのか、そういった点が大切だと思います。

薩長同盟

シンジ君　共通の価値を認識して信頼関係を結ぶというと、日本史で習った薩長同盟を思い出しました。これも現実の事例と言えるのではないでしょうか。

確か、薩摩藩と長州藩は犬猿の仲で、蛤御門《はまぐりごもん》の変では京都市内を焼け野原にするような大戦《いくさ》までしていた。それなのに、数年後には倒幕という共通の目標を達成しようと、坂本龍馬らの仲介で、薩摩藩の西郷隆盛と長州藩の桂小五郎（木戸孝允）が手を結んだ。そんな話でしたよね。

ナカヤチ　そうですね。最初の密約の内容は薩摩が長州を援助するという程度のものだったようです。ですので、同盟を結んだ時点でいきなり倒幕という価値を共有したかどうかは別として、でも、大きな流れとしては利害の一致、価値の共有を通じて、敵対し合っていたグループ同士が信頼関係を結んだ例と言えるでしょう。戦争で同盟関係を結ぶというのは、相手の裏切りが即座に自らの存亡に関わってくるという非常に重要な信頼の問題と言えます。

共通する脅威から身を守るために元は敵対していた者同士が手を結んだり、あるいは、共通する価値を実現するために交流のなかった組織が協力し合ったりという事例は、歴史的にもたくさんあります。冷戦時に西側自由主義諸国は北大西洋条約機構（NATO）という軍事同盟を結成し、ソビエト連邦を中心とするワルシャワ条約機構と対峙しました。NATOには少し前の第2次世界大戦で激しく戦い合った西ドイツとイギリス、フランスなども参加しています。イデオロギーを中心として安全保障のために昨日の敵同士が協力関係をとり結んだわけです。

現在の国際政治でもそのような動きは多々見られます。もっと身近なところでは、企業同士の協力関係のとり結び方にも似たようなケースがしばしばあります。経営が行き詰まったとき、当面の苦境をしのぐためにライバル企業に頼るという実例は、シンジ君の業界にもあるのではないですか。

またこれまで、なぜ人間が協力し合う性質を身につけられたのか、なぜ利他的な行為は他者に食い物にされるリスクがあるのに人は他者を信頼できるのか、といった問題が現在でも主要な研究テーマの一つだと指摘してきました。

これについてある研究者は、初期人類において力の強い利己的な支配者を、服従者が集団で協力して処罰したことが良心や利他性の起源であるという仮説を提唱しています。その仮説の概要は次のようなものです[15]。

25万年ほど前には人類は小集団で協力して大型動物を狩るようになっていました。集団の中で支配的な地位にいる者は自分や血縁者に有利なように肉を配分しようとします。服従者はそれに抗《あらが》おうにも単独の力では支配者に勝てません。しかし、人類は協力して大型動物を狩れるくらいコミュニケーション能力が高く、服従者間で協力して支配者を粛清することもできるようになっていました。

こうした状況が何世代にもわたって続くうち、たとえ他者よりも過分な分配を得たいという欲求があっても、それを自制できる性質が適応的となり、逆に自制できない性質には集団による処罰という選択圧が働き、淘汰されていきます。こうして不公正という道徳的な逸脱を避けようとする原始的な良心が生まれ育ち、今日の狩猟採集民に見られるような平等主義社会を築いたというのです。以上はあくまで仮説に過ぎませんが、共通する脅威に対抗するために協力し合うことが良心や利他性の起源だという考えは面白いと思います。

そういえば、薩長同盟と似たような事例に『地球最大の決戦』[16]があります。

シンジ君　何ですか、それは？

ナカヤチ　最初、ゴジラとラドンが戦っていたのですが、別の場所にキングギドラが現れて大暴れします。そこで、インファント島からやってきたモスラ（幼虫）が仲介役となりました。力を合わせてキングギドラを倒し、地球を守ろうとゴジラとラドンに呼びかけるのですが拒否されます。しかし、腹を括《くく》ったモスラ（幼虫）が単身キングギドラに挑みかかるのを見て、両怪獣は仲介を受け入れ、協力してキングギドラを追い払ったのです。強大なキングギドラに挑みかかるモスラ（幼虫）の勇気が感動を呼びました。

シンジ君　ナカヤチさん、現実の事例を紹介するんじゃなかったですか。

ナカヤチ　こうやってみると、坂本龍馬とモスラ（幼虫）は同じ役回りを演じていますね。源義経が実はモンゴルに逃げ延びてチンギス・ハンになったように、坂本龍馬も実は暗殺を生き延びてモスラ（幼虫）になったのではないでしょうか。

シンジ君　もう、いいですって……。

ナカヤチ　これを「龍馬・モスラ（幼虫）仮説」と名付けましょう。

シンジ君　くどい！

価値の共有を導入した信頼の回復

シンジ君　価値の共有が信頼の根底にあるという話はよくわかりました。敵対し合う者同士でも共通の価値を認識することで、仲間意識を持つことができるというのも納得できます。でも、ここで言う価値というのは質的な違いはないのですか？　そのときは重要だけれども、はかなくて一過性の価値というのもありそうですし、もっと持続的で人生のコアになるような価値もあると思います。

ナカヤチ　そうですね。ここまで話をわかりやすくするために「単なる利害の一致」と「価値の共有」とを対比的に説明しましたが、実際には、価値の共有と言っても金銭的な利害の一致に近いものから、お金どころか命にもかえられない、神聖侵すべからざる価値というものまで多様です。

それに応じて、信頼にも、目先の問題を解決するまでの暫定的な協力関係というものから、場合によっては、命をかけても守らなければならない信頼関係まで、強さや質に広がりがあるでしょう。

シンジ君　もうひとつ質問があります。共通の価値を認識するためには、両者に共通する強大な敵が必要ということになるのでしょうか？　たとえば、薩長両藩にとっての幕府という敵であったり、ゴジラとラドンにとってのキングギドラという敵であったり。もしそうなら、信頼関係の背後には強い脅威が必要ということで、あまりハッピーな話ではないように思います。特に、お互いに不信感を抱いている人たちを信頼し合えるようにするために、共通する強大な脅威を導入するなんてできないでしょうし、もしできても、そんなことをするのは道義的に問題があると思います。僕の職場もそうですけど、新たに強大な敵が入ってくるくらいなら、現状のいがみ合っている状態のほうがマシかもしれません。

ナカヤチ　まず、共通する敵というのは、誰かがわざわざ導入しなければならないというものではありません。薩長両藩にとっての徳川幕府も誰かが導入したのではなく、元々存在していました。

さらに、敵がいないと価値を共有できないというわけではありません。たとえば、DJポリスの場合、試合での敵はオーストラリアでしたが、群集と警察官が共有する価値は、あくまでワールドカップ出場決定にあったと思います。オーストラリアが共通の敵で、それに負けなかったことで喜びを分かち合ったというのではないでしょう。

シンジ君　確かにそうですね。元々、サッカーファンはワールドカップ出場に価値を置いていて、そこに、警察官が「私たちの価値もそこにあるんですよ」と乗ってくることで価値の共有が成立した。

ナカヤチ　その通りです。これに関係する社会心理学の有名な研究があるので紹介しておきましょう[17]。アメリカでは、多くの子供たちが数週間にわたるサマーキャンプに参加します。ここで紹介する実験は、11歳から12歳の子供たちが参加して泥棒洞窟（Robbers cave）というキャンプ場を舞台に行われたので「泥棒洞窟実験」という名前で知られています。

まず、子供たちは二つのグループに分かれて生活をしています。放っておいてもそれぞれの集団特有の規範が生まれ、各メンバーの役割や地位が形成されていきます。1週間ほどたった頃に二つのグループは引き合わされ、賞品のかかった野球や綱引きなど競争性の高い催しが実施されます。小学校高学年くらいの子供たちが固定したグループを組んで、何度も競技をするわけです。どうなるか想像がつくでしょう。そう、相手への敵愾心《てきがいしん》が高まっていきます。競技中に相手グループに罵詈雑言を浴びせたり、試合後に相手グループが忘れていった旗を引きずり下ろして燃やしたり、さらには、競技外でも相手の小屋を襲撃するなど、敵対的な行為がエスカレートしていきます。

ここまでは下ごしらえ。さて、ここで問題です。こういう状況でいがみ合っている二つのグループを仲良くさせるためには、どんなことをすればよいと思いますか？　もし、シンジ君がこのキャンプの運営責任者だとしたら、グループ間の対立関係を解くために何をしますか？

シンジ君　そうですね、二つのグループが一緒に何か楽しい思いをすれば、一緒にいること自体が楽しくなって、仲良くなるんじゃないでしょうか。条件づけみたいに。一緒になっておいしいものを食べるとか、一緒に何かアトラクションを楽しむとか。

ナカヤチ　ふっ、ふっ、ふ。そう思うでしょ。実際にそういった試みも行われました。しかし、それではうまくいきませんでした。合同の夕食会は残飯の投げ合いになりましたし、合同の映画会や花火大会もかえって対立を助長する結果となりました。

シンジ君　うーん、確かに。もし、僕がそのグループの一員だったら、憎い敵が目の前にいるときに、「さあ映画を楽しみましょう、きれいな花火を眺めましょう」と言われても、注意はそちらに向かわないと思います。注意が向かなければアトラクションも楽しみようがない。むしろ、相手をやっつけることで頭がいっぱいのときには、暗い映画会場や、相手が花火に気をとられているときは、闇討ちの絶好のチャンスだと思うでしょうね。

ナカヤチ　実際、その通りだったのです。でも、この研究のすごいところは、最終的に集団間の対立を解く有効な方法を見出している点にあります。それは何だと思いますか？

シンジ君　うーん、アトラクションもダメ、食べ物でも釣れないんなら、何をやっても無理な気がしてきました。

ナカヤチ　ヒントは、楽しいことを一緒にやろうというのと逆の方向だということです。けれども、つらければそれでよいというのでもありません。さあ、どんなことでしょう？

　答えは、両グループが協力し合わなければならない上位目標を導入することでした。一方のグループだけではなかなか進まないけれども、両方でやると効率よく問題を解決できる、そんな状況を研究者が導入したのです。たとえば、食料を運ぶトラックがぬかるみから脱出できなくなったのを力を合わせて助け出す、給水施設の水道管が破損している箇所を協同で探し出す、面白いけれども高価な映画を見るために両グループから資金を供出する、といったことです。これらの相互協力が必要な課題に直面し、同じ目標に向かって力を合わせる経験の中で両者間の葛藤は解消し、サマーキャンプの終わりには相手グループメンバーへの好意度も高まっていたのです。

　こういった上位目標の導入は、両グループにとって新たな敵対勢力を出現させたというわけではありません。もちろん、初日に紹介した「青鬼vs.赤鬼・村人連合」のように、一方のグループだけでは倒せないけれども二つのグループが力を合わせれば倒せる共通の敵を導入しても、共闘の中で両グループの友情は育まれたかもしれません。でも、この泥棒洞窟実験の結果は、そのような、恐れおののくべき敵、あるいは、憎しみの対象となる新たな敵がなくとも、別の方法で集団間の信頼関係を改善させられることを示しています。

シンジ君　そして、初日に説明された主要価値類似性モデルに当てはめると、共通する上位目標を達成することが、共通の価値になっていたというわけですね。

なるほど、その通りかもしれません。でも、この泥棒洞窟実験のような共通する上位目標を導入できない場合や、元々の共通する敵がみつからない場合もあると思います。

たとえば、僕が困っている、企業と消費者との関係ではどうでしょう。メーカーとお客様が共に手を取って解決しなければならない課題を誰かが導入するって、考えにくいですよね。そういうときはどうしたらいいですか？

ナカヤチ　厳しいところをついてきましたね。はっきり言って、もし共通する価値を見出せなければ、信頼を改善するのはきわめて難しいと思います。極端な例を言うと、民族間の紛争や信仰絡みの紛争は、自分たちが何者なのか、世の中で最も尊いのは何か、という根本的な価値が対立の原因となっています。ですから、共通するより上位の価値を見出すのは難しく、根本的な信頼関係を構築するのも難しいでしょう。それが簡単にできるのなら世の紛争の多くはとっくに解決されているはずです。

価値の共有を重視する考え方は、昔ながらの能力と人柄次第で信頼が決まるという考え方よりも悲観的と言えます。なぜなら、能力はある程度まで高めることができますよね。専門的な技術を磨き、資格を取得し、最新の知見を吸収すれば、直面する問題についての能力は上がります。そのことを相手に伝えれば能力認知は向上するでしょう。

人柄についても、性根のところは別として、真面目に一生懸命な姿勢で取り組むかどうかは自分の意志で決められます。真摯な取り組み姿勢を見てもらえれば人柄面の評価も向上するでしょう。つまり、能力面と人柄面で信頼が決まるという考えでは、両面を向上させ、そのことを相手にわかってもらえればいつか信頼してもらえるはず、そんなふうに希望が持てます。

けれども、価値についてはそうはいきません。価値というのはその人固有のものの見方、重視する要素、望む結果、などで示され、コロコロ変わるものではありません。問題となる事象について、お互い長い時間をかけて話し合ったり、観察し合ったりすれば、相手が何に価値を置いているかを丁寧に判断することができます。その結果、相手の価値は自分とは相容れないと結論づけられると、相互信頼は難しくなるでしょう。

たとえば、会社の同じ部署で働いている上司とある部下のうち、上司はコンプライアンス（法令遵守）を重視することが社会的責任を果たすことであり、結局は会社のためでもあると考えています。一方、部下は何としてでも他社や、ときには同僚との競争に打ち勝って売り上げを増やすことが企業活動というものであり、それによって社員も成長すると考えているとします。

いま、ある案件でライバル社の動向を〝グレー〟な形で入手できそうな場合、それを利用すべきかどうか両者の判断は異なるでしょう。このような場合、部下が有能であることを示し、また、真面目に業務に励むところを示しても、上司が日頃コンプライアンスに重きを置かないその部下にこの案件を任せるとは考えにくい。長い時間一緒に働いて、相手の価値を理解しているが故に信頼できないはずです。部下が急にコンプライアンス重視や企業の社会的責任を強調し始めても、それはきっとこの案件を任せてほしいための演出と感じて、警戒するでしょう。

「自分の意見を主張すると、おまえの考え方は間違っていると頭ごなしに否定され、そんな相手とは一緒に仕事をしたくなくなる。けれども、複数の人間が一緒に働いているのだから、仕事を進めるには相手に合わせる必要はある。そう思って相手に合わせると、今度は、本心を見せない奴だとか、自分で考えない奴だと言って信頼されなかったりする。結局、どちらにしても、お互いに理解し得ない状況から抜け出せない」。会社での人間関係の悩みもそういう場合が多いのではないですか。

シンジ君　ウチの部署もそうかもしれません。

ナカヤチ　一方、企業と消費者との関係では、信頼のこじれ方は様子が違ってきます。商品を通じた売り手・買い手の関係では、一般消費者が長い時間と手間をかけて企業がどのような価値を持っているかについて判断することはなく、むしろちょっとした材料で直感的、感覚的に判断を下すことになります。

消費期限切れの食材利用、異物混入、医療ミス、データ偽装、などなど、一度トラブルが報道されると、消費者はそれらおきまりの事件形態から対象企業にとっての価値を判断します。そして、「消費者の健康を犠牲に利潤追求」「身内の保身」「隠蔽《いんぺい》体質」などのレッテルが貼られると、昨日、説明した信頼の非対称性によってそれらの印象が固定化し、なかなか薄れません。

そのような状況で最新技術の導入をアピールして、消費者からの能力認知を高めようとしても的外れですし、努力の様子を見せても、それは利潤回復のため、保身のため、責任逃れのための努力と解釈されるでしょう。つまり、不祥事によって対象企業の価値が自分たちと相容れないと消費者に受けとめられたままでは、どんな信頼改善策を実施しても効果は上がらないと思われます。

価値の相違による信頼の悪化

シンジ君　今度は、価値が異なることで信頼が低下するという、悪いほうの話ですね。そちらの実例も教えて下さい。

ナカヤチ　こちらは山ほどあります。大きなところでは、先ほど言ったように、民族、信仰、信奉するイデオロギーなどの違いが価値の相違を表現して、お互いを信頼しないという例は古今東西あふれています。

犬猿の仲だった薩摩藩と長州藩が倒幕という一つの目標を共有して共に戦うようになったという話が先ほど出てきましたね。ご存じのように、その後、江戸幕府は倒れて明治政府が樹立されました。ところが、維新の立役者だった西郷隆盛は征韓論で敗れ、大久保利通ら明治政府首脳と袂《たもと》を分かって下野《げや》します。これはそれまで協力関係にあったものが、政治的な価値の相違が浮かび上がったことで非協力の関係になってしまったと言えます。

「袂を分かつ」というときは、価値の相違で協力関係を解消すると言い換えられる場合が多いですね。政治の世界でこういう実例は多く、元々の考え方が違いながらも、政権をとるという共通目標を持って協力関係を築いていたグループが、目標を達成して与党になった途端に元の価値の相違が表面化して協力関係が瓦解、勢力を失うというパターンです。

平成時代になってからの細川連立政権しかり、自社さ（自民党、社会党、新党さきがけ）連立政権しかりです。政権をとるという共通目標を持ちながら、それが無理だという見通しから内紛が生じて瓦解する、という政党もありました。これも共通する価値を失ったことで信頼関係が崩れたと言えるでしょう。

東日本大震災での福島第一原発事故の後、多くの医療関係者がボランティアとして、あるいは、職場を移す形で福島に赴き、住民対応に当たりました。その際の住民とのコミュニケーションはかなり難しかったようです。

住民の方々からは専門家として能力認知され、真面目に業務に従事していることも認知される立場にあります。したがって、信頼されるべき要素を持って業務に当たり、被曝線量の推定値から発ガンリスクについて説明するのです。けれども、「この程度の被曝線量ではことさらガンになるリスクを気にすることはない」という説明をすると、途端に信頼を失うことがあったようです。説明のニュアンスから、「この専門家は安心させたがっている」、つまり、自分の考えを押しつけることに価値を置き、こちらの健康状態や不安に思う状況を理解するつもりはないと受けとめられることがあったようです。

不安な状態にある住民を安心させてあげようという善意から来ているのでしょうが、安心する・しないという個人の心情は誰かに指図されるべきことではありません。拙速なアプローチはかえって信頼を損なうことになります。かといって、科学的なリスク評価だけを伝えて「後は自分で判断して下さい」という姿勢が臨床医として適切なのかどうか。リスク評価の解釈まで含めて専門家としての役割が求められているのでしょうから、これは悩ましい問題です。

もっと卑近な例でいくと、夫婦の離婚理由には性格の不一致というのが最も多いのですが、そもそも他人同士なのですから性格がきれいに一致するほうがおかしい。性格の不一致というより価値の不一致といったほうが正しいケースも多いのではないでしょうか。

つまり、夫婦の不和は、自分にとって重要なこと、そのために労力を払っていることをパートナーが軽視している、という思いから不信感が募り、感情的なこじれが大きくなってゆく。こういったケースも多いのではないかということです。

シンジ君　誰のことを言っているんですか。

ナカヤチ　そっとしておいて下さい。

シンジ君　何も言ってませんよ。

ナカヤチ　シンジ君の仕事上の悩みに絡めて一つお話ししておきましょう。不祥事を起こした当事者のメッセージから、価値の置きどころが間違っていると社会に受けとめられ、不祥事によるダメージを一層大きくした実例があります[18]。

ずいぶん前のことになるのですが、ある食品メーカーが被害者数1万人以上という大規模な食中毒事件を起こしました。このとき、会社の事故対応は迅速なものとは言えず、最初の記者会見も通例のタイミングより遅いものでした。当初よりマスメディアは会社の対応に不信感を抱いており、現実に食中毒の被害者が出ているのですから、記事の論調も厳しいものでした。

その後、何度か会見が開かれたのですが、あるとき社長が、会見の延長を求めて詰め寄る記者に向かって、「私は寝ていないんだよ！」と声を荒らげ、その様子が何度も報道されました。これにより、この会社の社長が、ひいては、会社全体が、被害者の健康状態よりも、自分たちを守ることに価値を置いているという印象を強めてしまいました。

実は、このとき詰め寄った記者も「こっちだって寝ていないんですよ！」と返しています。それで終われば、どっちもどっちだとこの記者だって批判されていたでしょう。しかし、その後、記者は「そんなこと言ったら、10ヵ月の子供が病院行ってるんですよ！」と続けています。このひと言によって記者の思いが被害者にあるという印象がもたれます。本当は、社長は被害者に対して心から申し訳ないと悔いていたかもしれませんし、本当は、記者の価値は10ヵ月の子供の病状よりも社長コメントをとることにあったのかもしれません。しかし、いずれにせよ本当のことはわからないのです。メディア報道を通してもたらされる直感的な印象が社会的な評価を左右するのです。

私は個人的には、社長のこのひと言が不用意であるにしても、事件発生までのプロセスや発生後の対応のまずさ、必要な情報を必要な部署に上げる体制の不備、そういった問題がこの事件の本質部分であり、そちらのほうがずっと深刻であると思っています。けれども、シンジ君が悩んでいる企業への社会的な信頼という点では、主要な価値がどこに置かれているかを印象づけるトップのひと言によって、信頼が大きく損なわれてしまう実例として、たいへん教訓的だと思います。

シンジ君　被害者対応や原因究明のために社内の現場はてんやわんやでしょう。その状況下でメディアにも適切に対応しなければならない。これは至難の業ですね。

ナカヤチ　その通りです。ですので、事故や不祥事を起こしてしまうことを想定外とせず準備をしておくことが必要です。きっと、シンジ君の会社にも何らかの方針はあるはずですよ。ぜひ、明日おいでになる前に、それについて調べてきて下さい。私のほうでも、トラブル後の信頼の特徴と、そこでのコミュニケーションについて注意すべきことを、社会調査の結果に基づいてお話しできるよう用意しておきます。

シンジ君　わかりました。ある程度の方針は決まっているのでそれを確認してきます。今日はどうもありがとうございました。

3日目のまとめ

・DJポリスが群集誘導に成功したのは、単に話術がウィットに富んでいたからだけではなく、日本代表のサッカーワールドカップ出場というその場の価値を群集と共有できたことにあるのではないか。

・薩長同盟などのように、共通の目的を見出すことによって、それまで敵対していた勢力が協力関係をとり結ぶことは、古今東西の政治の世界で多く見られる。

・しかし、敵対していた勢力が協力関係を持つのは、必ずしも〝敵〟が必要なのではなく、相互依存的な協力により問題解決が可能となる上位目標があればよい。

・価値の共有が信頼の基本であるという考え方は、能力や努力により信頼が得られるという考え方より悲観的であると言える。なぜなら、価値は容易に変化するものではなく、いったん価値の相違をお互いが認識すると、そこを覆すことは困難だからである。

・企業トップのひと言がその企業の主要な価値を表現することがある。その内容が消費者の価値と異なる場合、企業への信頼は大きく損なわれる。

４日目　信頼危機状況での価値共有

昨日は、価値共有と信頼との関係を示す実例として、DJポリスの成功という社会的な出来事や、薩長同盟という歴史的な出来事、さらに、泥棒洞窟実験という社会心理学の著名な野外実験を紹介しました。そして、これら個別の出来事の中で、そこに居合わせた人たちの信頼がどのように形成されたのかを考察しました。

今日は、今日《こんにち》の日本における一般市民を対象として行った社会調査の結果をもとに、価値共有と信頼との関係について分析しましょう。価値共有が信頼を導く度合いは状況によってかなり変わること、つまり、ある状況では価値を共有しているかどうかで信頼の強さが決まってくるけれども、別の状況では価値共有と信頼との関係は弱くなることが明らかとなるでしょう。

トラブルを想定したコミュニケーションの準備

シンジ君　ナカヤチさん、こんばんは。

ナカヤチ　やあ、シンジ君いらっしゃい。今日のテーマは、トラブルの後の信頼とコミュニケーションについてでしたね。さっそく、この問題を考えるうえで材料となる、一般市民を対象とした調査の結果を解説していきましょう。価値を共有することで信頼が高まるという関係性は、当たり前のようでいて一筋縄ではいかないことがわかりますよ。

シンジ君　一般市民を対象とした調査というのは、いわゆる社会調査っていうものですね。学生のとき、授業で何回かお聴きしました。平均値がどうとか、相関係数がどうのとかいう話で、地味というか、面白みがなかったような覚えがあります。

ナカヤチ　その授業を担当していた私に向かってはっきり言いますね。でも、面白おかしければいいってもんじゃありません。シンジ君の目下の課題は、一般の人びとからの信頼を高めることでしょう。それなら、一般市民を対象にした調査結果を丁寧に分析することは、ゴジラとラドンの信頼関係を理解することよりずっと重要なはずです。

シンジ君　ゴジラの話を持ち出したのはナカヤチさんじゃないですか。でも確かに、僕が働いている広報や顧客管理部門は、どんな仕事も最後には信頼の問題に行き着くように思います。おそらく営業部門もそうでしょうし、信頼と無関係に仕事ができる部署なんてどこにもないかもしれません。

そういう意味では何をやるにしても信頼は重要ですが、そのこととは別に、いま、明確な課題を与えられて信頼の問題に取り組んでいます。それはリスク管理の一環として、広報戦略を立てておくことです。実は、これは昨日ナカヤチさんから出された「事故や不祥事後の対応方針について調べておくように」という宿題への答えとも重なります。

ナカヤチ　ああ、そういえば宿題を出していましたね。調べた結果はどうでしたか？

シンジ君　うちの会社はメーカーですから、商品の安全性は優先順位の最上位にあります。商品が原因となってお客様にご迷惑をおかけすることは絶対に避けたいですが、でも、絶対に不良品の出ない製造工程なんてあり得ません。それがわかっているので、もし、不良品が製造されてしまっても、それが出荷されないよう二重三重のチェック体制を設けています。でも、そこまでやってもチェックしきれなかったり、流通過程で何か問題が生じたりする可能性もあります。

つまり、どれだけ万全を期していてもウチの商品のせいで誰かに被害を与えるリスクをゼロにすることはできません。そして、もし被害を出してしまったら、その規模や状況によっては会社の信頼はガタ落ちになって、経営が立ち行かなくなります。そこで、万が一、商品トラブルを起こしてしまった場合でも適切に対処できるよう平常時から準備しておく必要があります。

ナカヤチ　なるほど。商品トラブルはあってはならないことだけれども、あった場合の準備をしておこう、ということですね。それは正しい姿勢だと思います。人は、あってはならないことだから、あり得ないことにしよう、考えないことにしよう、という方向に陥りやすいですからね。

シンジ君　そうですね。あってほしくないこととしては、不良品が市場に出ること以外にも、大災害で工場が稼働できなくなるとか、原料が調達できなくなる、伝染病で労働力が不足する、あるいは、社員が犯罪の被害者になる、加害者となる、等々、いろいろなケースがあります。

何でもかんでも「あり得るから」と準備しておけるわけではないのですが、起こったときのダメージの大きさや起こる可能性の大きさなどから優先順位をつけて、そういったことが起こっても事業を継続できるよう対策を準備しておこう、そういう方針で全社的に危機管理に取り組んでいるところです。

それで、僕は広報や顧客関係管理の部署で働いているので、トラブルがあったときのプレスリリースではどんなふうにメッセージを発信するのかとか、顧客対応をどう進めるのか、そういった事前の準備を整えているところなんです。

ナカヤチ いわゆるBCP（Business Continuity Plan：事業継続計画）の中にクライシス・コミュニケーションも取り込むという考え方ですね。

ではシンジ君、ここで問題です。もし、シンジ君の会社の商品に欠陥があり、そのために多くの被害者が出たとしたら、どうしますか？　実際の商品トラブルにはいろいろな要因が絡むものですが、ここでは、明らかにシンジ君の会社に責任があったものとします。

シンジ君 いきなり嫌な設定で攻めてきますね。でも、嫌なことだからこそ、ちゃんと考えておかないといけないですよね。被害を出してしまったなら、まずは被害にあわれた方にお詫びして、相応の償いをします。当たり前のことですけれども。

ナカヤチ　実際には、その〝当たり前のこと〟がなかなかできない場合が多いのです。理由はいろいろあるのですが、一番マズイのは社内調整に手間取ってしまい、初期対応のタイミングやメッセージを誤ることです。

ふだんの仕事では会社内部の調整や手続きにじっくり時間をかけることで、より質の高いマネジメントができることもあるでしょう。でも、不祥事があった場合、消費者や世間は会社の内部構造や手続きの複雑さなど考慮しません。明白な被害が出ているのに対応が遅いのは、隠蔽のための工作をしているんじゃないか、そのための時間稼ぎじゃないか、と悪い方向に解釈されやすくなります。こういう場合、トップの決断が重要になってきますね。それには、トップが決断できるよう、ネガティブな情報でもちゃんと上がってくる組織風土が重要です。

また、会見などではその問題に責任を持てる人が受け答えをする必要があります。そうしないと、一番の当事者が責任逃れをしていて、それに手を貸すような会社だと解釈されてしまいます。

シンジ君　２日目の、信頼の非対称性の話ですね。そんなふうに、コトが起こってから場当たり的な対応をしなくてすむように、現在、準備を整えているわけです。
不祥事が発生した場合、まずは、直接被害にあわれた方に謝罪するのは当然です。それだけではなく、直接の被害はなかったけれどもウチの商品をお使いいただいているお客様にも、ご心配をおかけしたことをお詫びします。

ナカヤチ　お詫びばかりですね。

シンジ君　はい、ご迷惑をおかけしたのですから、ここは逃げちゃいけないところです。でも、お詫びや補償だけではすみません。並行して進めなくてはいけない重大な作業が、原因の正確な究明とそれに基づく再発予防策の実施です。起こしてしまったことへの対応も大事ですが、会社の存続には、今後起こらないようにすることが大切です。

ナカヤチ　シンジ君は広報部門なので、製造工程の改善に直接タッチするわけではありませんね。

シンジ君　はい、その通りです。この段階での僕の役割は、どのような改善によって再発を防止するのか、会社からのメッセージを社会に発信する部分です。つまり、再発しないための手を打ったうえで、再発しないことを市場や社会に納得してもらって、信頼してもらうことが僕の使命になります。

ナカヤチ　何か有効なコミュニケーション戦略はありますか？

シンジ君　ナカヤチさんが僕に尋ねてどうするんですか。それがわからないから、こうやって相談にうかがっているんじゃないですか。

ナカヤチ　ああ、それを忘れていました。知らない話を聞くのは面白いので、つい。

シンジ君　もちろん、現時点でも、ある程度の方針は定まっています。たとえば、大きな問題が起こったときには、社外の専門家を中心に第三者専門家委員会を設けて、原因の究明や再発防止策について外部評価をしてもらいます。また、第三者専門家委員会に諮《はか》るほどの問題でなくても、再発防止について独りよがりにならないよう、できるだけ、科学的で客観的な根拠のあるメッセージを発信していこうというのが基本姿勢です。

ナカヤチ　それはたいへんまっとうな基本姿勢ですね。

シンジ君　どうもありがとうございます。

ナカヤチ　でも、信頼回復には不十分ですね。

シンジ君　えぇ⁉　まっとうな姿勢だって褒めてくれたのに。

ナカヤチ　まっとうな姿勢だと言ったのは、商品の安全性を高めるうえで、そのような方針は有効だと思うからです。でも、安全性の改善は信頼を回復する必要条件ですが、それだけで十分とは言えないようです。そのことを社会調査の結果を見ながらお話ししましょう。

東日本大震災に関連する組織への信頼

ナカヤチ　２０１１年3月11日に東日本大震災が起こりました。被害は多面的で、地震と津波そのもので多くの命や家族、財産が失われましたが、福島第一原子力発電所の事故によって避難生活を強いられることになった住民も多数おられます。農産物、魚介類の放射能汚染は生産者に打撃を与え、消費者にも混乱をもたらしました。

地震直後は遠く離れた地域でも、交通や通信、流通システムが麻痺《まひ》しました。これから紹介する社会調査[19]は、この震災のリスク評価やリスク管理に深く関わった組織の信頼に関するもので、一般の人びとから回答を得ています。取り上げた組織の信頼レベルはどれくらいに評価されているのか、また、その信頼の高さはどのような要因で決まってくるのか、そういったことを明らかにしようとした調査です。シンジ君の課題も会社という組織への信頼向上に関わるものなので、参考になる部分は大きいと思います。

調査の大枠は後で述べるとして、先に分析視点を説明しておきましょう。次の図４-１をご覧下さい（以下、図４-９までは文献19に基づいており転載許可取得済みです）。

言葉にすると、「価値共有認知と能力認知、動機づけ認知は相互に関連しながら対象へ

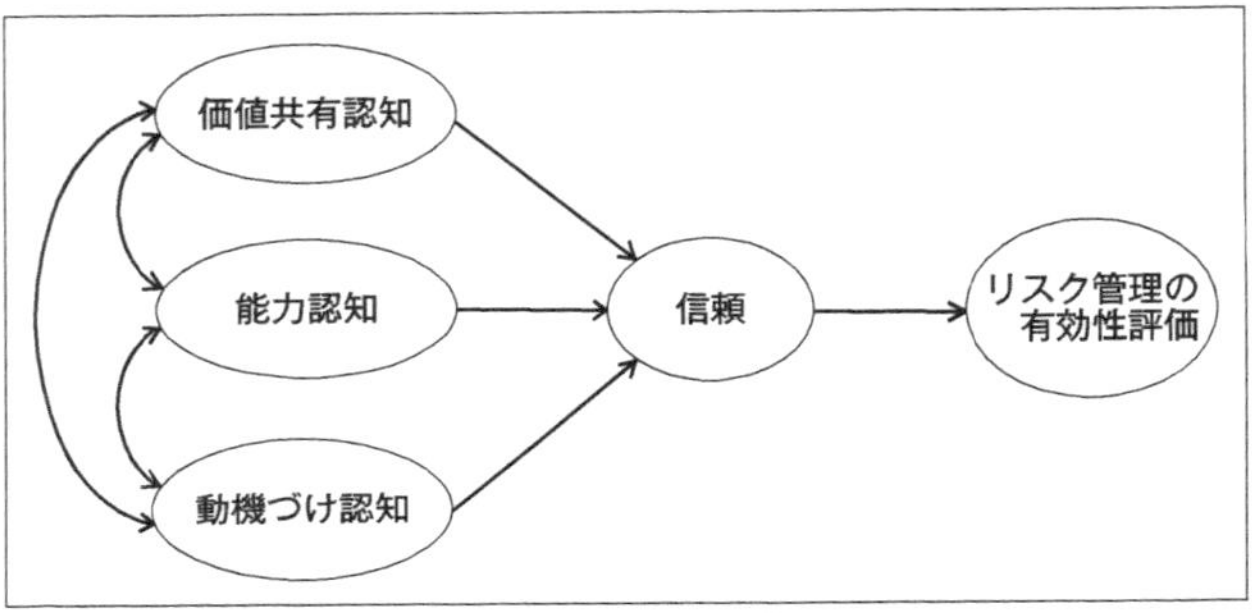

図４－１　信頼の構図

の信頼と結びついている。そして、信頼に応じてリスク管理が有効に行われているかどうかの主観的な評価が決まる」というのが基本的な分析視点です。「価値共有認知」「能力認知」「動機づけ認知」から「信頼」に向けて矢印がのびていますが、それら矢印で示される関連性の強さを明らかにして比較しよう、というのが調査の狙いです。あわせて、リスク管理組織への信頼が、リスク管理そのものへの評価にもつながっていることも確認します。

シンジ君　価値共有、能力、動機づけ、のどれが最も信頼の高さを決めているのかという分析ですね。では、それを調べるための調査方法を教えて下さい。

ナカヤチ　はい、調査の大枠は次のようなものです。

評価対象組織

東日本大震災では、多大な犠牲者を出した地震の予測と津

波対策の評価、福島第一原子力発電所の管理や規制、放射線の影響の評価、災害時における交通インフラの管理、などが重要なリスク問題として浮かび上がりました。これらのことを踏まえ、調査対象として、公的機関から原子力安全・保安院と食品安全委員会を、研究機関から東京大学地震研究所と気象庁気象研究所を、インフラを担う企業から東京電力とＪＲ東日本を選びました。さらに東京電力に対して関西電力を、ＪＲ東日本に対してＪＲ西日本を、それぞれ震災への関わりが小さい組織として選定しました。選定した組織の特徴は次の通りです。

（1）原子力安全・保安院

経済産業省の外局である資源エネルギー庁に属する機関で、原子力利用上の安全確保や原子力発電所に対する規制を担当する政府機関でした。この組織は震災後の２０１２年９月に廃止され、主要業務は原子力規制委員会へと移行しました。しかし、われわれが調査を行った時点ではまだ存続していて、ここが原子力発電所の規制機関でした。

（2）食品安全委員会

内閣府に属し、食品のリスク評価を行う政府機関です。東日本大震災直後に食品や飲料水中の放射性物質による健康影響についての評価を公表し、平常時の年間1ミリシーベルトの被曝を前提とする基準を緩和した緊急時の暫定規制値を支持しました。

（3）東京大学地震研究所

わが国を代表する地震や火山活動の研究機関であり、80名を超える研究者が所属しています。研究所内部には地震予知研究センターを有しています。

（4）気象庁気象研究所

国土交通省外局の気象庁に属する研究機関であり、震災で多くの犠牲者を出した津波も研究対象となっています。

（5）東京電力

言わずとしれた、福島第一原子力発電所を操業する企業です。この発電所は地震後の津波により全電源を喪失し、炉心溶融と建屋爆発事故を引き起こし、大量の放射性物質を飛散させました。多くの避難住民を生み出したことはご存じの通りで、この事故は国際原子力事象評価尺度の最上位であるレベル7の事例となっています。

（6）ＪＲ東日本

関東、信越、東北で列車を運行する日本最大の鉄道会社です。東日本大震災発生当日は広範囲において列車が不通となり、首都圏を中心に多数の帰宅困難者が発生しました。また、当日夜は渋谷や新宿など主要駅でシャッターを閉じ、帰宅できない利用者を閉め出す形となりました。

（7）関西電力

近畿地方を主要営業区域とする電力会社であり、調査当初は東日本大震災に関わりの小さな組織として対象に含めました。ところが、関西電力・大飯《おおい》原子力発電所は震災後すべての原子力発電所が停止していた状況から再稼働した初めてのケースとなりました。２０１１年10月および11月に関西電力はストレステストの結果を提出し、それに基づいて国は２０１２年２月に安全が確認されたとし、再稼働へと踏み出したのです。後に述べますが、われわれの調査は震災直後と震災約１年後に実施しました。したがって、第1回調査時には関西電力の震災への関わりは小さかったのですが、第2回調査時点では震災にかなり強く関連する組織になっていました。

（8）ＪＲ西日本

近畿、中国、北陸地方を主要運行区域とする鉄道会社であり、東日本大震災に関わりの小さな組織として対象に含めました。

調査日時

第1回調査は２０１１年４月25、26日に行いました。地震発生からわずか1ヵ月半頃で、福島第一原発事故がその社会的な影響を含めてどう収束していくのか、まだまだ見通しが立たない不安定な状況でした。原子炉を安定的に冷却することと、そのために生じる大量の高濃度放射能汚染水の処理が懸案事項でした。第２回調査は第１回調査に参加してくれた人たちに、もう一度、調査参加をお願いする形で、ほぼ１年後の２０１２年４月25～29日に実施しました。

２回にわたって同じ調査を実施することで、１年で信頼レベルがどう変化したのかを調べることができます。

調査参加者

調査はインターネットを用いて行いました。大手の調査会社にモニター登録する関東、近畿在住の一般成人男女に、調査実施の案内を電子メールで送付しました。参加を希望する人はインターネット上の指定のサイトにアクセスして回答します。参加者には回答に対して商品券や現金にかえられるポイントが与えられます。２０１１年調査では依頼に応じた１０３０名から回答を得ており、２０１２年調査では同じ人びとに調査への参加を求め、これに応じた６４９名からデータを得ることができました。最終的な内訳は男性３２９名、女性３２０名、年齢については20代62名、30代１８８名、40代２０６名、50代１２１名、60歳以上72名、居住地域は関東３２９名、近畿３２０名、となりました。参加者を関東と近畿在住としたのは、評価対象組織として東京電力、ＪＲ東日本という地域性の高い組織が含まれており、それと比較できるよう関西電力とＪＲ西日本も採用し、回答者の地域性もバランスをとろうとしてのことです。東日本大震災に関わる組織への信頼をトピックスとする以上、東北地方でも調査をしたかったのですが、２０１１年４月は適切にインターネット調査ができる状況ではありませんでした。

シンジ君　調査の５Ｗ１Ｈのような感じですね。「いつ」「どこで」「誰が」「何を」がわかりました。時間を空けて２回調査することで、信頼の非対称性や二重非対称性を確認できるということですね。

ナカヤチ　そうです。東日本大震災に深く関わった（１）～（６）の組織はもちろん、その後は（７）の関西電力も関わりを深めました。信頼の非対称性という考え方が正しければ、時間経過の中でさまざまな情報やニュースはネガティブな方向に受けとめられ、第１

調査から1年後の第2調査にかけて、これらの組織への信頼は低下しているはずです。一方、信頼の二重非対称性が正しければ、第1調査で信頼レベルが高かった組織は第2調査でも高い信頼を維持し、信頼レベルが低かった組織は低いままで上がってこないと予測されます。

シンジ君　調査参加者は調査会社にモニター登録している人たちですね。そういった人たちのデータを一般市民のデータとして取り扱って良いのでしょうか。

ナカヤチ　いえ、そこは少し問題があります。この調査の母集団は、厳密に言うと、あるネット調査会社にモニター登録をしている関東、近畿地区の住民ということになります。本来なら、すべての住民が登録されている住民基本台帳を用いた無作為抽出が望ましいのです。まずは調査地点を無作為抽出し、次に、抽出された地点に赴いて、そこの住民基本台帳から人を無作為抽出するという2段抽出法を用いると、一般日本人として代表性の高いサンプルを得ることができます。しかし、それには多額の費用と時間がかかります。

今回のように震災後、できるだけ早くデータを集めたい場合、そういった方法では機動力に問題があります。また、20年、30年前ならインターネットに接続して調査に参加できる人は先進的なIT環境下にあり、そういった人たちを対象に調査してもサンプルとしての偏りが大きかったと思われます。ところが、最近は誰でも日常的にネットを利用して生活しています。ですので、ネット調査のモニター登録をしている人たちが、特殊な環境下にある偏った人たちということはないように思います。

シンジ君　では、調査の5W1Hで肝心の「どのように」を教えて下さい。どんなふうに信頼を測定し、信頼を規定するという要因を測定したのですか？

ナカヤチ　社会調査で、ある対象についての評価を定量的に、つまり、評価の程度を測定したいときに使われるリッカート尺度というものを用いました。後から詳しく説明します。この調査では、先ほどあげた八つの組織に対して、（1）信頼、（2）価値共有、（3）能力、（4）動機づけ、（5）リスク管理の有効性、をそれぞれ3項目を使って評価してもらいました。ここでは原子力安全・保安院を例にして質問項目を示しましょう。

回答の求め方は、まず「原子力安全・保安院について当てはまるところにチェックをして下さい」としたうえで、信頼を測定するための三つの文章を示します。図4-2のように、それぞれの文章の右側に丸いチェックボックスが用意され、回答者は「1　全くそう思わない」から「5　非常にそう思う」までのどれかにチェックを入れるよう求められます。得点が高いほど、信頼が高くなるよう設定されています。

このように八つの組織について回答するのですが、どういう順番で組織名が提示されるかは、回答者ごとにランダムに変えてあります。提示の前後関係で評価が影響されるかも

原子力安全・保安院（政府の組織）について当てはまるところにチェックをして下さい。

信頼3項目	1 全くそう思わない	2 あまりそう思わない	3 ややそう思う	4 かなりそう思う	5 非常にそう思う
1.原子力安全・保安院（政府の組織）は信頼できる	○	○	○	○	○
2.原子力安全・保安院（政府の組織）は頼りになる	○	○	○	○	○
3.原子力安全・保安院（政府の組織）は任せておいて安心である	○	○	○	○	○

図4−2　信頼測定のための質問項目

しれないので、その影響を相殺するためです。

シンジ君　どうして信頼を測定するために似たような3項目を設けるのですか？

ナカヤチ　それは、測定しようとする心理的な概念に、ふくらみやあいまいさがあるからです。もし、現在のシンジ君の体重を測定するなら、精密な体重計が一つあればよくて、いろいろな測定をする必要はありません。

　けれども、心理的な概念は、最初に信頼の定義は多様であいまいだって説明したように、一つの尺度でカバーしきれないことが多いのです。そこで、複数の尺度を設けて回答を求め、回答がそれら複数の尺度間である程度の一貫性を持つかどうかを分析します。その結果、一貫性があることが確認されたら、一つの指標として合成します。この信頼測定3項目も分析の結果、高い一貫性が確認されたので、3項目の平均値を回答者ごとに求めて信頼得点としました。

価値共有３項目
4. ○○と私とは同じ目線に立っている
5. ○○と私とは気持ちを共有している
6. ○○と私とは何を重視するかが一致している

能力３項目
7. ○○は専門的技術が高い
8. ○○は有能である
9. ○○は豊かな専門知識を持つ

動機づけ３項目
10. ○○は一生懸命である
11. ○○はよく頑張る
12. ○○は熱心である

リスク管理の有効性３項目
13. ○○は社会の安全性を高めている
14. ○○は人びとへの危険を取り除いている
15. ○○はうまく災害を防止している

図４−３　要素別質問項目

シンジ君　そうだったんですか。学生時代の実習で「どうして同じような項目になんべんも答えさせるのだろう？」と面倒に思っていたのですが、心理的な概念に沿って測定するためだったんですね。

ナカヤチ　そういったことは調査法の講義でちゃんと説明したはずですが。

シンジ君　「過去の労力や支出にこだわるのは『サンク・コスト効果』と言って[20]、これに縛られてはいけない」という講義をよく覚えているので、勘弁して下さい。

それで、他の価値共有や能力といった要素はどういうふうに測定したのですか？

ナカヤチ　信頼と同じように、５段階のリッカート尺度で回答を求めました。組織名称部分と、どの尺度にも共通する選択肢部分は省いて、項目一覧をお見せしましょう（図４−３参照）。

シンジ君　こちらも、それぞれ３項目ごとにまとめるわけですね。

ナカヤチ　そうです。いずれのグループも3項目への回答が高い一貫性を示しましたので、回答者ごとに平均値を求め、価値共有認知得点、能力認知得点、動機づけ得点、そして、リスク管理有効性評価得点としました。

シンジ君　ここまでで下ごしらえ完了、っていう感じですね。それで調査の結果はどうなったんですか？

組織信頼調査の分析結果

ナカヤチ　まずは信頼レベルから見ていきましょう。最初に紹介した3項目の平均値の低いものから、つまり、信頼されていない組織から順に並べてみました。それが次ページの図4-4です。まずは2011年、地震直後のデータを表す白い棒を見て下さい。

シンジ君　ダントツに東京電力と安全・保安院の信頼が低いですね。

ナカヤチ　その通りです。信頼評定平均値が1点台というのはこれら二つの組織だけです。一方、JR東日本や気象研究所への信頼は相対的には高かった。なぜ東京電力と安全・保安院の信頼が低いかというと、やはり当事者性がポイントだと思われます。東日本大震災は深刻な放射能汚染をもたらしましたが、それは原子力発電所が事故を起こしたか

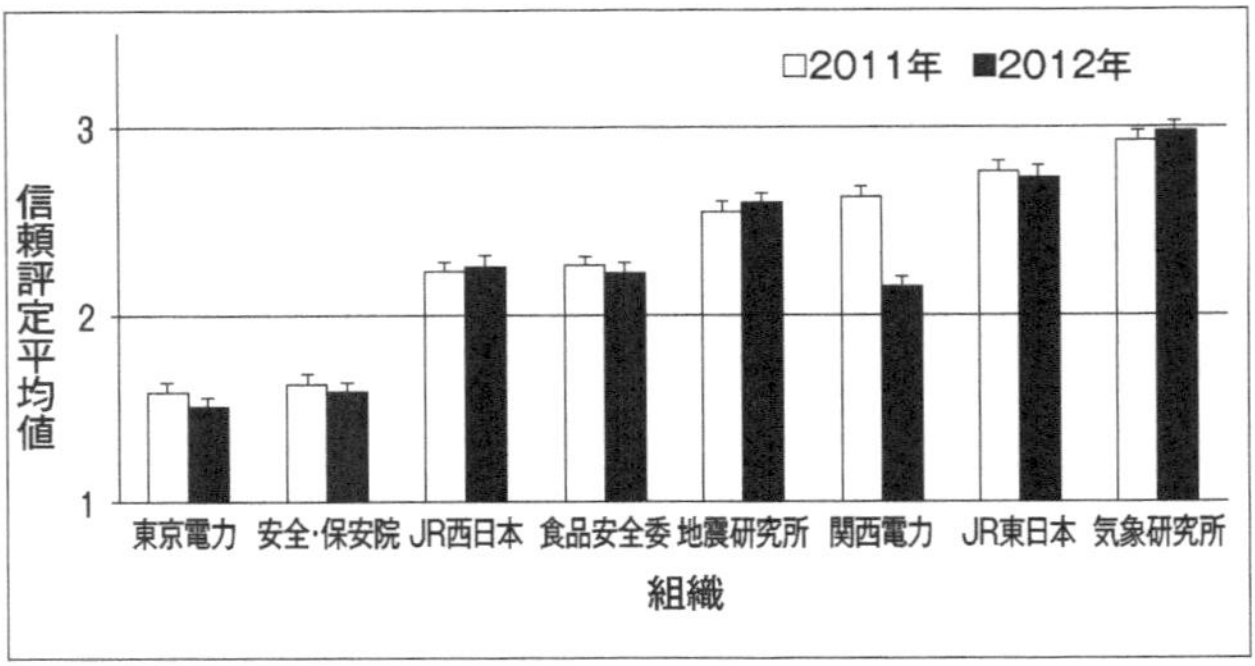

図4－4　震災関連組織の信頼評定

らです。そして、その原子力発電所を直接運営していた組織が東電で、安全のための規制機関が保安院です。

つまり、これら二つは原発災害の「原因」に関わる組織と言えます。政府機関であるという点では食品安全委員会は保安院と同じですが、災害を発生させたり、放射性物質を拡散させたりした責任はなく、発生した災害に対応してきただけです。発生した災害への対応という点ではＪＲ東日本も同じ立場です。さらに、地震研究所や気象研究所は地震や津波を研究する機関に過ぎず、それらの発生原因となり得ないのは明白です。つまり、東電と保安院だけが原発事故の発生をコントロールできる立場にあり、地域住民に多大な被害を与えてしまった。これによって信頼が大きく損なわれたものと考えられます。

シンジ君　図をざっと見たところ、白棒と黒棒の高さは同じようなもので２０１１年から２０１２年にかけての変化は、あまりありませんね。それだけに関西電力だけ大幅に低下しているのが目につきます。

ナカヤチ　ええ、統計的に意味のある程度に差があったのは関西電力と、小さなものですが東京電力だけです。関西電力の信頼レベルの低下は理由がわかります。関西電力は、本来、東日本大震災との関わりは小さく、何か不祥事があったというわけでもありません。実際、２０１１年調査では信頼レベルも高いほうでした。

しかしながら、震災後、国民の反原発意識が高まり、日本中すべての原子力発電所が稼働停止している状況で、初めて大飯原発の再稼働を決定しました。このように２０１１年調査から２０１２年調査の期間で関西電力は震災問題にネガティブな方向で深く関連する組織となり、信頼が低下したと考えられます。東京電力のほうは、統計的に意味のある差はありましたが、大幅なものではありません。

ＪＲ西日本以外の組織については、震災後、それぞれの業務に関して何度もマスメディアに取り上げられました。ですので、もし、信頼の非対称性の論拠としてあげられるように、メディアからのメッセージに否定的なものが多く、さらに、情報が否定的な方向に偏って受け手に処理されるなら、信頼は軒並み低下しているはずです。

しかし、図にあるように、調査結果はそのような傾向を示しておらず、取り上げた組織の多くにおいて、むしろ現状維持の信頼評価がなされていて、これは信頼の二重非対称性理論を支持するものでした。関西電力のような信頼を低下させる特別な出来事のあった組織以外にはあまり大きな変化が見られなかったことは、時間経過に対する信頼の安定性を示すものと言えるでしょう。

やれやれ、いっきに説明して疲れました。では、これで。

シンジ君　何言ってるんですか。肝心の、信頼は何によって決まるかの分析がまだじゃないですか。

ナカヤチ　ああ、それを忘れていました。知っている話をしても自分では面白くないので、つい。

シンジ君　面白おかしければいいってもんじゃありません。ここまで来たんですから最後まで話して下さい。

ナカヤチ　ぐいぐい来ますね。では、先ほどの分析視点にあわせて結果を説明しましょう。信頼の最も低かった東京電力と原子力安全・保安院、逆に、信頼の高かったJR東日本と気象研究所を取り上げて解説します。

図4−5は東京電力の結果で、構造方程式という分析法を使って、要素間の結びつきの強さを計算したものです。結びつきの強さを表すのが矢印のところに書いてある数字で、

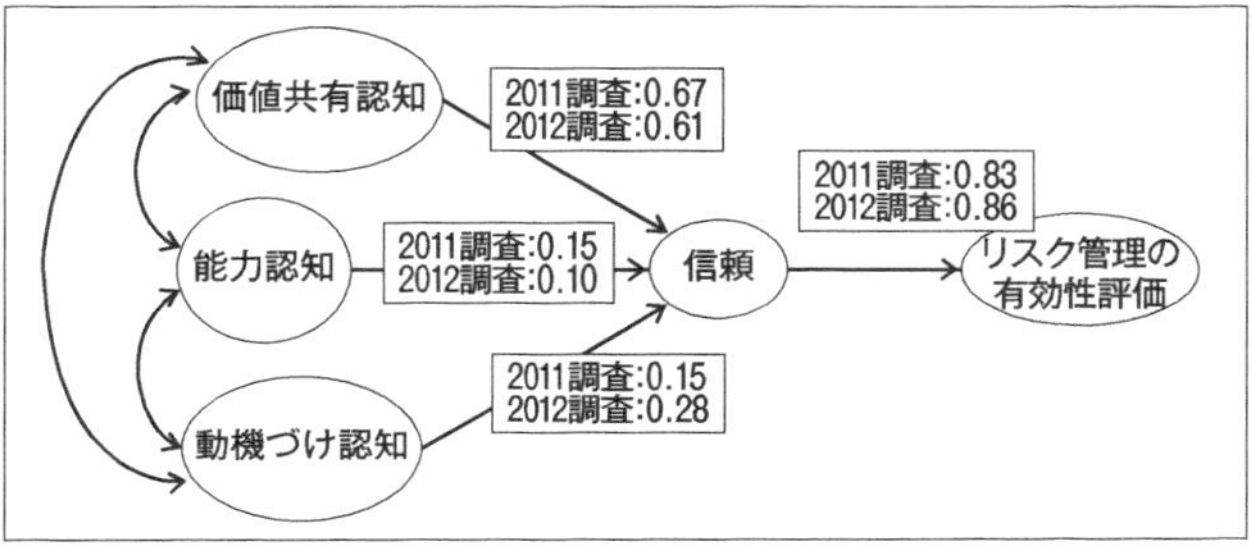

図4−5　東京電力への信頼の構図

パス係数といいます。値はマイナス１からプラス１までの範囲をとります。値がゼロに近いなら矢印で結ばれている要素間にはあまり関連がないことを示します。値がプラス１に近づくほど、両者間の関係が正の方向に強いことを示します。

たとえば、東京電力の結果に見られるように、価値共有認知と信頼とのパス係数が１に近い高い正の値をとるということは、価値を共有していると思いが強くなればなるほど、信頼も高くなるという関係性が強いことを示します。逆に、もしマイナス１に近い値だと、価値共有認知が高まると、信頼は低下するという負の関係が強いことを示します。ただ、今回の分析ではどこにも負のパス係数は見られませんでした。

さて、もう少し丁寧に東京電力の結果を見てみましょう。

価値共有認知から信頼へのパス係数が２０１１年調査で

0・67、一方、能力認知から信頼へのパス係数は0・15、動機づけ認知から信頼も0・15です。

つまり、信頼の高さは、価値を共有しているという認識が最も影響が強く、その程度は、能力の高さについての評価や一生懸命やっているという動機づけの評価よりもずっと高いことがわかります。

正直言って、この結果は驚きでした。というのは、当時、福島第一原発事故のため東京電力に対する信頼が大きく損なわれていることは感覚的にもわかっていましたが、それを決めているのは能力についての評価だと予測していたからです。地震や津波に対処し損ねた技術力や不十分なリスク評価を生み出した専門能力への評価こそが、東京電力への信頼/不信を決めると考えていたのです。

ところが結果は、東京電力が住民や国民の目線に立って、その気持ちを理解できているかどうか、という評価が最も強く信頼を規定していたのです。そして、この関係は東京電力への信頼が相変わらず低かった2012年調査においても維持されています。ちなみに、信頼からリスク管理の有効性評価へのパス係数は両年共に0・80を超えていて、信頼次第でリスク管理業務への評価がかなりの程度決まることを示しています。信頼がリスク認知を大きく左右するという知見はこの研究分野に山ほどありますので、今回の結果も

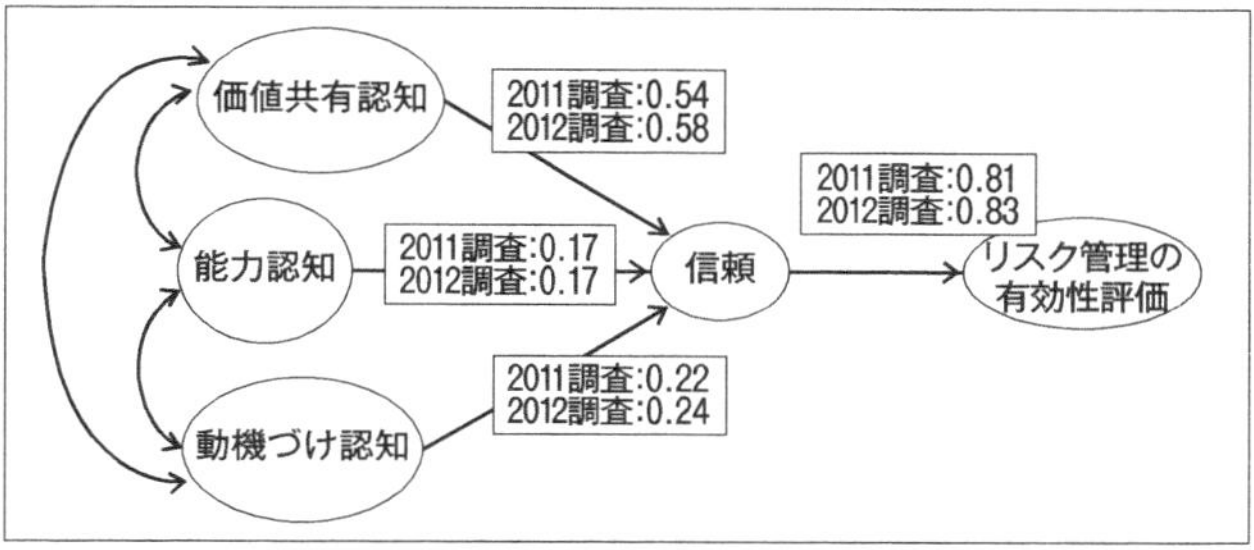

図4−6　原子力安全・保安院への信頼の構図

それを確認したものと言えるでしょう。

次に、2番目に信頼が低かった原子力安全・保安院の結果を見てみましょう（図4−6）。

パターンとしては、かなり東京電力に近いことがわかるでしょう。信頼へのパス係数が最も高いのが価値共有認知であり2011年で0・54、2012年で0・58です。これらの値は、能力認知や動機づけ認知を大幅に上回っています。そして、信頼がリスク管理の有効性評価を決める度合いも0・81、0・83とかなり大きいことが確認されます。

以上、調査対象として選んだ8組織のうち最も信頼が低かった2組織では、価値の共有認知こそが信頼の高さを決める一番の要因であることが示されたと言えます。

では、今度は逆に、相対的に信頼が高かった2組織について見てみましょう。図4−7は、気象研究所の分析結果です。東京電力や原子力安全・保安院と比べて顕著な特徴

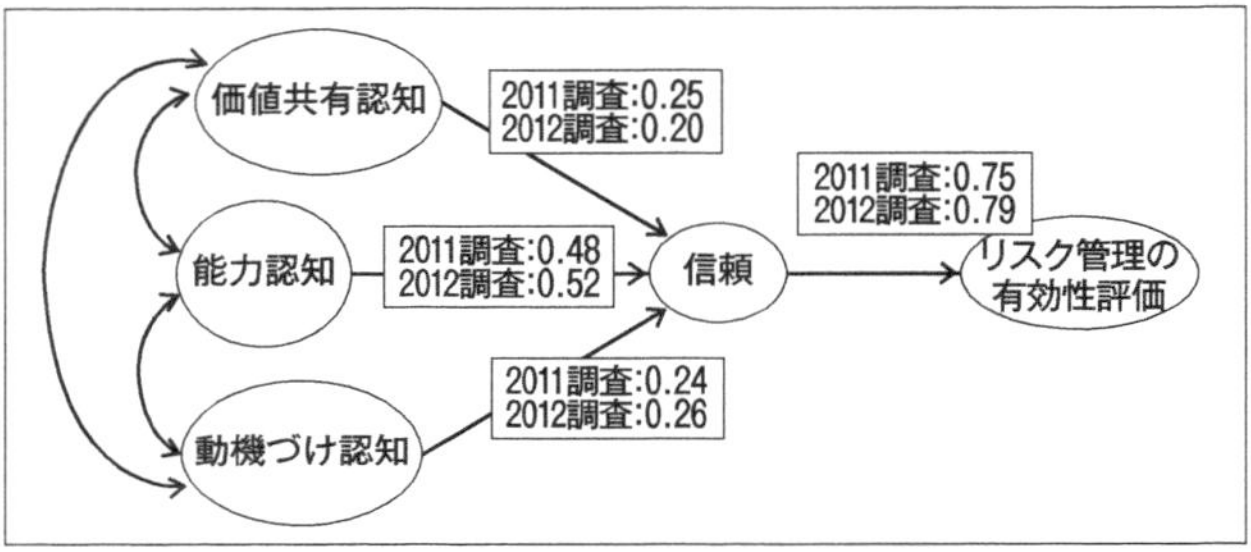

図4－7　気象研究所への信頼の構図

は、価値共有認知から信頼へのパス係数が大幅に低い点です。三つの要因の中で最も信頼を決めているのは能力についての評価でした。一方、信頼によってリスク管理の有効性評価が強く規定されることはこれまでの分析結果と同様です。

図4－8は、やはり信頼の高かったJR東日本の結果です。ここでも価値共有認知から信頼へのパス係数は低く、三つの要因の中で最も影響力が小さいことが見てとれます。

以上、四つの組織の結果から言えることは、「信頼が低い組織ほど、その信頼を決める要因は価値の共有」だということです。能力認知が信頼の高さと結びついていたのは、信頼の高い気象研究所でした。

ただ、これだけでは、ある組織の信頼レベルが低下すると、価値の共有が重要になってくるのかどうかはわかりません。もしかしたら、気象研究所への人びとの信頼が下が

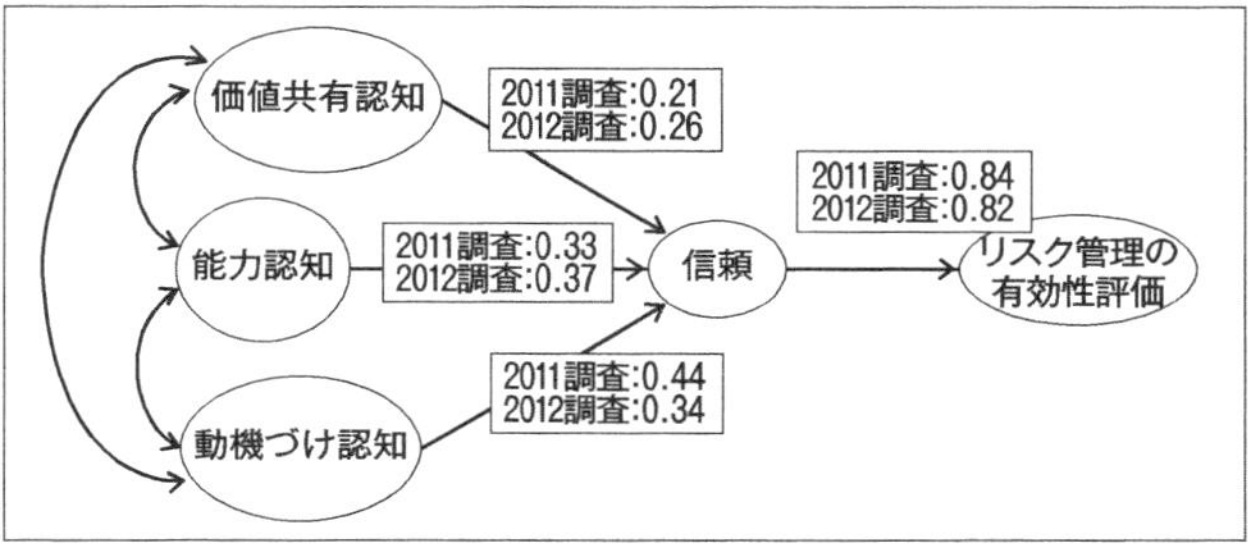

図４－８　JR東日本への信頼の構図

っても、信頼へのパス係数が最も大きいのは能力認知のままかもしれません。同様に、東京電力は信頼が上がっても、信頼へのパス係数が大きいのは依然として価値共有認知かもしれません。つまり、それぞれの組織の特性として、一貫して特定の要因の重要性が大きいだけかもしれないという可能性が残ります。

この問題を考えるうえで重要になってくるのが、信頼レベルが１年間で大幅低下した関西電力の様子がどうだったのかということです。関西電力の場合、一つの特定組織で信頼レベルが変化しているので、各要因から信頼へのパス係数もそれに対応して変化しているかどうかを調べることで、この問題を探ることができます。さっそく、図４－９でその結果を確認しましょう。

関西電力の信頼レベルは、２０１１年調査では８組織のうち上から３番目に高かったのですが、このときの価値共有のパス係数は三つの要因の中で最も小さく０・２８でし

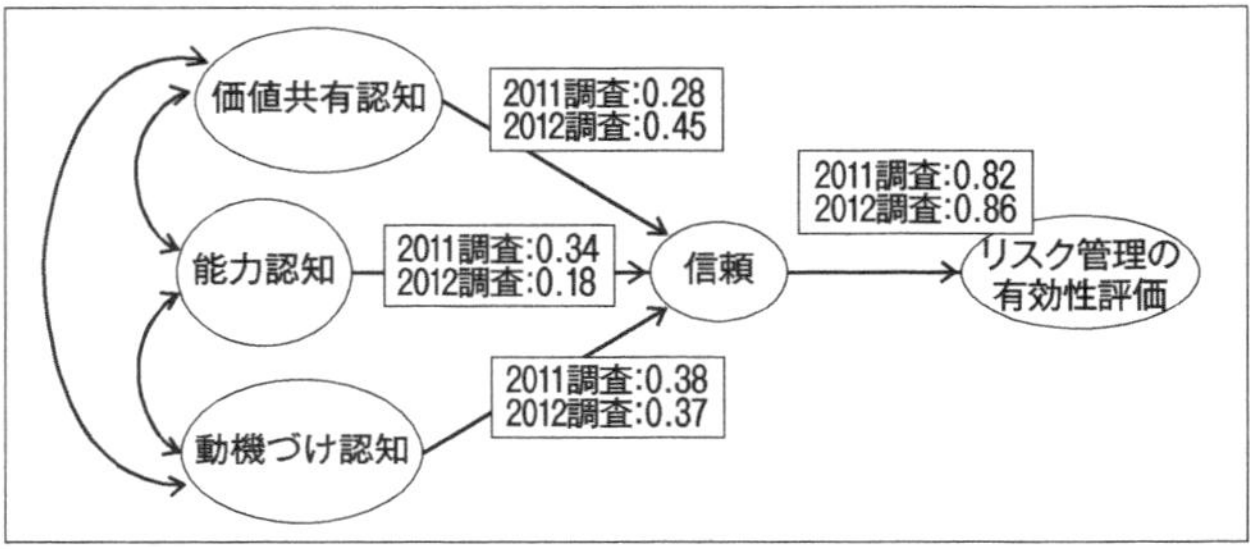

図4－9　関西電力への信頼の構図

た。ご覧のように、能力認知（０・３４）や動機づけ認知（０・３８）のほうがより強く信頼を規定しています。ところが、信頼レベルが下から３番目に悪化してしまった２０１２年調査では、価値共有認知から信頼のパス係数が０・４５と大幅に上がっています。それに応じるように、能力認知のパス係数（０・１８）は大幅に減少しています。

こうして、特定組織の信頼が何らかの事情で低下してしまった場合でも、信頼を決める要素としての価値共有の重みは増大することが確認されました。

シンジ君　普通、信頼レベルは二重非対称性によってあまり変化しないけれども、関西電力だけ震災後の原発対応で信頼が変化した。たまたまその前後のタイミングで調査できたので、信頼の低下と価値共有の役割の高まりとの関係を確認できたわけですね。

ナカヤチ　そういうことです。

トラブル対応時への適用

ナカヤチ　では、これらの調査結果に基づいて、会社が大きな問題を起こしてしまった後の対応について考えてみましょう。シンジ君のお話では、大きなトラブルが発生した場合、まず原因を調査し、再発防止策を立てたうえで、それらを社外の専門家に評価してもらうとのことでした。できるだけ、科学的で客観的な取り組みをして、それを社会に伝えるということでしたね。

シンジ君　はい、そうです。

ナカヤチ　では、ここで問題です。そのような姿勢は信頼を規定する要素のうち、どれをアピールすることになると思いますか？

シンジ君　専門家に評価してもらう、とか、科学的に対応する、というのはやはり能力認知に働きかけているんだと思います。専門家にＯＫをいただけたら、再発を防止できる十分な技術力があるとお墨付きをもらったことになります。それを社会にアピールすることで、信頼を回復するという道筋が暗に想定されていると思います。

それから、第三者専門家委員会の「第三者」の部分は、利害関係のない社外の方に公正中立な視点から見てもらおうというわけですから、動機づけの要因に関係しそうです。これは、意欲が高いとか低いとかというのとは少し違いますが、動機が偏ったものでないことを保証するために第三者に依頼するのだと思います。客観的な取り組みというのも、同じ路線にありますね。

ナカヤチ　そうですね。もし、製造工程に原因があったなら、たいていは、その原因を取り除くべく最新技術を導入するとか、より能力の高い担当者を配属するとか、能力向上のための研修会を実施するとか、精度の高い機械に入れ替えるとか、そういったことをしますね。これらは、トラブル再発のリスクを下げる取り組みであり、それをアピールするというのは人びとからの能力認知を高めて信頼関係を改善しようという働きかけだと言えるでしょう。

では、そうやって狙っている、能力認知と信頼の結びつきは調査結果ではどうだったか。ここで注意すべきなのは、大きなトラブルを発生させた直後なので、人びとからシンジ君の会社への信頼は低下してしまっているはずだ、ということです。すると、東京電力や原子力安全・保安院などの低信頼組織で見てきたように、能力認知と信頼との結びつきはそれほど強くないということになる。ですので、そういったアピールはあまり信頼回復には貢献しないのではないかと懸念されます。確かに、パス係数がプラスだったので、信頼関係改善のために、やらないよりはやるほうが良いです。そもそも実際のリスクを削減する行為なので、その観点からはぜひ実施するべきです。けれども、信頼回復という面ではそれほど期待できません。公正中立のアピールにしても同様です。

一番大きな結びつきを持っていた要素は、自分たちと価値を共有しているという認識でした。したがって、中立であるよりも、むしろ消費者側の視点や感情を理解できることが重要です。そうして、理解したうえで、あまり好きな表現ではないのですが、いわゆる〝寄り添う〟っていう姿勢のほうが、公正に関わろうという姿勢よりも、信頼されやすいでしょう。

シンジ君　なるほど、能力ややる気が有効なのは、気象研究所のようにある程度信頼されて、そこからさらに信頼を高めようというときでしたね。

ナカヤチ　そうです。いま、対策を考えているのはあくまでトラブルを起こしてしまった場合の対応なのですから、通常の、信頼を得ている状態を前提にものを考えてはいけないのです。そして、信頼が低下してしまっているときこそ、価値の共有が重要になってくるのです。

シンジ君　では、どうすればいいんですか？　トラブルを起こして信頼が低下したとき、能力の高さをアピールしたり、一生懸命努力していることを主張するよりも、価値の共有認知に働きかけることが重要だということは、データからもわかりました。でも、価値を共有しているという認知を持ってもらうために具体的にどうすればいいのかが見えてきません。

ナカヤチ　このやりとりにはデジャブ（既視感）を覚えますね。昨日、「能力の向上や努力によって信頼が得られるなら話は簡単。でも、価値の共有が重要となると途端に見通しは暗くなる。特に、企業と消費者という関係では難しい」という話をしたじゃないですか。

シンジ君　それは僕も覚えていますけど、何度でも尋ねたくなりますよ。何をどうすればいいのか、が一番大切なポイントじゃないですか。だいたい、心理学の分析は現状をもっともらしく解説してくれるんですが、では、どうすればいいのかという段階になると、途端に頼りなくなります。

ナカヤチ　痛いところを突いていますね。でも、それは当たり前のことです。シンジ君が学生時代に女の子からモテなかったのは、自分勝手で思いやりがないから、という原因を解明するところまではできても、ではどうすればシンジ君が思いやりを持てるようになるのか、という解決策は、より難しい別の問題です。

シンジ君　よく、そんなたとえ話を瞬時に思いつきますね。

ナカヤチ　原因がわかったからと言って「私は今日から思いやりあふれる人間になりまし

た」と声高に訴えても、誰も信じないでしょう。数年前に、兵庫県議会の議員が使途不明金問題で記者会見を開いて号泣しましたよね。私は悪いことは一切していません、どうぞ信じて下さい、と訴えるあの号泣会見で誰も納得しなかったのと同じです。

シンジ君　一緒にしないで下さい。だいたい僕はそんなことを声高に訴えたことありません。

でも、確かにトラブルを起こしておいて「わが社は消費者の皆さまと価値を共有しています。だから、信頼して下さい」とストレートに言ったって、耳を貸してもらえないでしょうね。

ナカヤチ　かといって、泥棒洞窟実験のように、消費者と会社とが手を携えて乗り越えるべき目標を誰かが導入する、なんてことも非現実的です。ではどうすればいいのか？　これは難しい課題ですが、何も手立てがないわけではありません。明日は、もうひとつ社会調査の結果を紹介しますので、その内容と今日の内容を踏まえたうえで、その後に信頼回復のための処方箋について考えてみることにしましょう。

シンジ君　それはありがたいです。僕にとって大切なのは、信頼のしくみを理解するだけではなく、現実にどういう働きかけが有効なのかまで把握することです。そこまで行って初めて、方針づくりに生かせます。明日もよろしくお願いします。

4日目のまとめ

・BCP（事業継続計画）の一環としてクライシス・コミュニケーションの方針を設定する場合、自らへの通常の社会的評価を前提に考えるのではなく、信頼の低下が起こっているという前提で準備を進める必要がある。

・東日本大震災に関連した組織を対象とする信頼調査では、東京電力、原子力安全・保安院の信頼がたいへん低かった。一方、気象研究所とJR東日本の信頼は比較的高かった。この差は前二者が放射能汚染の原因に直接関わる組織だからだと解釈できる。

・信頼の低い組織の場合、価値共有認知、能力認知、動機づけ認知の3要因のうち、信頼のレベルを決める要因として最も影響力の強いのは価値共有認知であった。一方、信頼の高い組織では価値共有認知の重要性は低下し、能力認知や動機づけ認知が信頼を規定する要因として重要性を増していた。

・関西電力は震災直後の信頼レベルは高いほうだったが、1年後には大きく低下した。この変化に対応する形で、価値共有認知の大きさも増大した。このことからも、信頼が危機に瀕するときほど価値の共有が重要になると言える。

・再発防止のため問題を生じさせた部分について組織の能力を向上させることそれ自体はたいへん重要である。しかし、信頼の低下が起こっている場合、能力認知はそれほど信頼回復に寄与しないと考えられる。

5日目　信頼の決め手の変動

前日は、震災に関連する組織への信頼の程度とその変化に関する社会調査を紹介しました。この社会調査の結果から、信頼が低い状態であるほど信頼の構成要素の中で価値共有の役割が大きくなることが確認されました。

5日目は、たばこ規制をめぐる政府への信頼を調べた社会調査を紹介し、政府の方針に対してほとんどの人が支持するような事案と、賛否が分かれる事案とでは、信頼の決まり方が違ってくる様子を示します。さらに、社会で問題となっていることがらへの関心の強さは人によって違いますが、その人の関心の強さに応じて価値共有認知が信頼に影響する大きさも変わることを見ていきましょう。

政府によるたばこの健康リスクの管理

シンジ君　こんばんは、今日もよろしくお願いします。

社会からの信頼向上について考えるようになってから、ずっと引っかかっているのが、人による違いはどうなるんだろうか、っていうことです。「社会からの信頼」とひと言で言っても、社会を構成する人びとはいろいろで、元々の考え方も違います。それなのに、ワンパターンのコミュニケーション方針では無理があると思います。ある程度、相手との関係に応じた信頼づくりも考える必要があると思うのですが。

ナカヤチ　今日お話しする内容には、ちょうどその問題も含まれます。コミュニケーションをとろうとする対象について、人による考え方の違いが大きい場合と、そうでない場合。さらには、相手が対象に強い関心を持っている場合と、そうでない場合。それぞれの場合で信頼の構成のされ方は異なってきます。これらの点について、ある社会調査の結果に基づいて考えていきましょう。

　では、さっそく本題に入ります。調査はたばこのリスク管理に関するものでした。たばこには健康リスクがありますので、政府がさまざまな政策を立て、規制を行っています。たとえば、未成年者の喫煙禁止やたばこ税の増税、健康増進法に基づく受動喫煙の防止などです。一般に、リスク管理者が信頼されていれば、そのリスク管理方針は支持され円滑に運営されます。逆に、信頼が得られなければ方針は支持されず、人びとからのリスク管理への協力も得られません。そこでこの調査では、たばこのリスク管理政策を取り上げ、政府をリスク管理者としてどれくらい信頼できるのか、その信頼は何によって決まるのかを調べてみました。[21]今日はその結果を説明します。

シンジ君　ナカヤチさんは、たばこを吸わないんですか？

ナカヤチ　ええ、吸いません。若い頃は毎日1箱吸っていたのですが、結婚を機にやめました。もうずいぶん経ちます。

シンジ君　奥様の健康に配慮してのことですね。けっこう愛妻家なんですね。

ナカヤチ　いえ、結婚するとき「家の中が臭くなるから嫌や。家では絶対吸わせへん」と言い渡されて、そのままやめました。当時は〝ホタル族〟という言葉が流行っていて、家の中では吸わせてもらえず、ベランダに出て一服つける人たちをそう呼んでいました。私は、蚊にかまれたり、暑さ、寒さに耐えたりすることができず、ホタルに変身できませんでした。

シンジ君　恐妻家と根性なしのダブルパンチで禁煙できたわけですね。

ナカヤチ　どんなパンチですか、それは。いずれにせよ、私は喫煙者の気持ちも非喫煙者の気持ちもわかります。また、社会的な観点からは、たばこは一つの産業で、雇用を生み出し、文学や映画の中で重要なアイテムとなっていることを理解します。けれども、喫煙の健康リスクは高く、国民の健康増進や医療費抑制の観点からも喫煙を抑制すべきということも理解します。

この調査では政府の行っているたばこ政策のうち二つを取り上げました。一つは未成年者の喫煙禁止政策、もう一つはたばこ税の増税による喫煙の抑制政策です。以下、それぞれについて簡単に説明しましょう。

未成年者の喫煙禁止政策

他の多くの国々と同様、日本では未成年者の喫煙が法的に禁じられています。そのうえ、自分の未成年の子供が喫煙していることを知りながら制止しない親や、未成年者にたばこを販売した業者にも処罰が与えられることが未成年者喫煙禁止法により定められています。厚生労働省が中心となって進めていた国民健康づくり運動においても未成年者の喫煙をなくすことが一つの目標として掲げられていました。さらに、２００８年には日本全国すべてのたばこ自動販売機に「ｔａｓｐｏ」が導入されました。ｔａｓｐｏはＩＣカード式の成人識別システムであり、未成年者が自動販売機からたばこを入手することを防ぐために設けられたものです。

たばこ税増税による喫煙の抑制

増税によってたばこの価格が上昇すると、喫煙者はたばこの消費を抑制したり、あるいは、喫煙をやめたりするので、その結果として、社会全体として喫煙による健康リスクが低減すると期待されます。ＷＨＯ（世界保健機関）も、たばこ価格が70%上昇することによって、喫煙に関連する死亡を４分の１減らすことができるとし、たばこ税増税の政策としての有効性を主張しています。[22] 実際、わが国におけるたばこ価格はデフレをものともせず上がり続けています。１９８０年代半ばに最もポピュラーだったセブンスターが１箱２００円そこそこでしたが、現在では2倍以上の価格に値上がりしています。医療費をはじめとする社会保障費の増加を考えると、たばこの価格はもっと高くてもよく、１箱１０００円以上が適正だという意見もあります。一方、たばこ税の増税に対しては反対する人びともいます。日本では成人の2割程度が喫煙者で、より大きな経済的コストを課せられることになる愛煙家の多くは、たばこ税増税に反対です。日本最大手のたばこ会社である日本たばこ産業株式会社（JT）も、かつてのたばこ税増税時には断固反対の姿勢を表明し、「たばこの大幅増税に反対する会社コメント」を発表しています。同社は、すでにたばこには高い水準の物品税が課せられており、たばこ税増税は消費者の納得が得られないのみならず、たばこ耕作農家や小売販売店を含めたたばこ産業に甚大な影響を与えるとして、批判を展開しました。[23]

シンジ君　では、この調査の5W1Hを教えて下さい。

ナカヤチ　はい。この調査では2段階の無作為抽出により回答者を選びました。まず、日本全体での都市の人口規模を考慮したうえで調査地点を選び、それぞれの地点の住民基本台帳から回答をお願いする成人2600人を選び出しました。調査地点も人も無作為に抽出しているので、得られたサンプルは偏りの少ない、日本全体の代表的なサンプルと言えます。ご自宅にうかがい、調査への参加を依頼したところ、53・6％（1394名）の方々が協力してくれました。約半数の方に未成年者喫煙防止についての質問を、残り半数の方にたばこ税増税政策についての質問を行いました。調査を実施したのは2008年です。

シンジ君　質問項目はどんなものでしたか。

ナカヤチ　この調査の目的は、未成年者喫煙防止やたばこ税増税を実施する政府をどれくらい信頼できるのか、また、その信頼はどのような要素で決まるのか、といった問題を明らかにすることでした。信頼を決める要素としての候補は、これまで通り、「価値共有認知」「能力認知」、そして「人柄要素の認知」です。人柄要素の認知は初日に説明したように幅の広い概念で、研究によって取り扱いが変わってくるのですが、この調査では公正さに焦点を絞りました。政府の実施する政策への評価という文脈では、公正さのほうが、努力や動機づけの高さといった要素よりも適切だと考えたからです。具体的な質問内容と回答の仕方を、まずは未成年者喫煙防止策のグループに従ってお示ししましょう。

最初に以下のような文章を提示します。

中学生や高校生など未成年者の喫煙は健康上、大きな問題です。最近は、未成年者をひきつけるようなたばこ広告が禁止されたり、深夜の自動販売機でのたばこ販売が規制されるなど、政府が未成年者の喫煙を減らすための政策を進めています。

続いて、未成年者喫煙防止についての、政府に対する「能力認知」「公正さ認知」「価値共有認知」「信頼」の順に質問しました。すべて、0点から5点までの6段階尺度で回答する方式です（図5－1）。

さらに、未成年者の喫煙防止について、関心の強さと未成年者喫煙防止への賛否を尋ねました。同じく6段階尺度です（図5－2）。

たばこ税増税のグループに対しては、最初に以下の文章を提示したうえで、質問文の「未成年者の喫煙防止」を「たばこ税増税」に変えて同じように調査を実施しました。

「日本のたばこ税は他の先進諸国に比べると低すぎて、喫煙者がなかなか減らない。国民の健康のためもっとたばこ税を上げるべきだ」という意見があります。一方、「たばこ税は、他の商品に比べるとすでに十分に高く、これ以上たばこ税を上げるべきではない」という意見もあります。

シンジ君　震災関連組織の調査のときには、複数の質問項目で一つの要素を測定していましたよね。たとえば、信頼だと「○○は信頼できる」「○○は頼りになる」「○○は任せておいて安心である」というふうに三つの項目を使って質問して、それぞれへの同意の程度を回答してもらって、最後に一つの値にまとめていました。ところが今回の調査では、「どの程度、信頼して任せたいと思いますか」と1項目だけで信頼の高さを測っています。他の能力認知や価値共有認知なども同様です。これは、かまわないのでしょうか？

あなたは、政府には、未成年者の喫煙防止のために実効性のある政策を立案・実施できる能力が備わっていると思いますか。「まったく能力に欠ける」を0点、「十分に能力がある」を5点として、5点満点であなたのお気持ちに最も近いものを1つ選んで、その番号に○をつけてください。

	まったく能力に欠ける					十分に能力がある
政府の能力	0 ---	1 ---	2 ---	3 ---	4 ---	5

あなたは、政府が、未成年者の喫煙防止に関して、公正な態度で政策を立案・実施していると思いますか。

	まったく公正さに欠ける					非常に公正である
政府の公正さ	0 ---	1 ---	2 ---	3 ---	4 ---	5

あなたは、未成年者の喫煙防止に関して、自分と政府とがどの程度、同じ考えを持っていると思いますか。

	ぜんぜん考えが違う					まったく考えが同じ
政府との考え方の類似性	0 ---	1 ---	2 ---	3 ---	4 ---	5

あなたは、未成年者の喫煙防止に関して、政府をどの程度、信頼して任せたいと思いますか。

	まったく任せたくない					完全に任せたい
政府への信頼	0 ---	1 ---	2 ---	3 ---	4 ---	5

図5－1　未成年者喫煙防止策についての質問票

あなたは、未成年者の喫煙防止に関して、どの程度、関心がありますか。

	まったく関心がない					非常に関心がある
この問題への関心	0 ---	1 ---	2 ---	3 ---	4 ---	5

あなたは、未成年者の喫煙防止に賛成ですか、反対ですか。

	非常に反対					非常に賛成
喫煙防止への賛否	0 ---	1 ---	2 ---	3 ---	4 ---	5

図5－2　未成年者喫煙防止への関心と賛否

ナカヤチ　実は、このたばこの調査は大きなプロジェクトの一部だったので、質問できる項目数に厳しい制約があったのです。できればこの調査でも一つの要素を複数の質問項目で測定し、カテゴリー内の整合性を確認したうえで合成変数を作成するというプロセスをとりたかったのですが、そういった台所事情があって、一つの要素を一つの質問で測定するしかありませんでした。

価値共有認知の次に来る要素

ナカヤチ　では、調査の結果を見ていきましょう。質問項目のうち信頼の評定値は、未成年者喫煙防止問題で平均２・４１点（標準偏差１・４１）、たばこ税増税問題で平均１・９９点（標準偏差１・４０）でした。

回答用の尺度の幅が０点から５点までの６段階でしたので、これらの問題に関して政府への信頼は全般的に低いと言えます。どちらの対策も、喫煙による健康被害の抑制という最終の目的は同じで、信頼評定の対象はいずれも同じ日本政府なのですが、信頼のレベルには違いが出ています。たばこ税増税問題は未成年者喫煙防止よりも、一層信頼が低くなっていました。これらの結果は、同じリスク管理者への信頼であっても、具体的な事案に

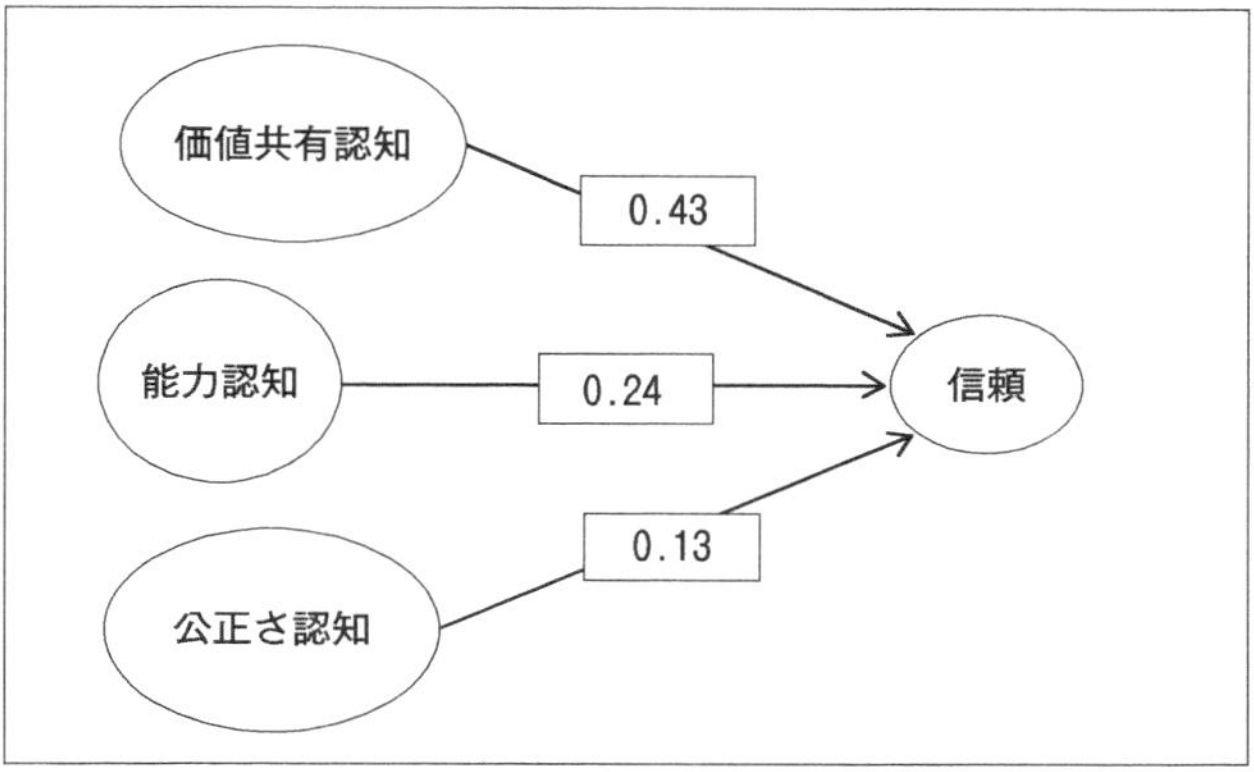

図5−3　未成年者喫煙防止策についての政府への信頼

よって信頼のレベルに違いが出ることを示しています。

分析の基本的な考え方は、昨日の震災関連組織の信頼研究と同じで、「価値共有認知」「能力認知」「人柄認知」（ここでは公正さ認知）のそれぞれがどれくらい信頼の高さと結びついているかを比較します。

分析手法は昨日とは少し違って、「重回帰分析」という方法を使います。図5-3をご覧下さい。これは未成年者喫煙防止策についての分析結果です。三つの要素それぞれから信頼に向かって矢印がのびていて、四角の枠の中に数字が書かれています。この数字は「標準化ベータ係数」というのですが、ややこしい話は抜きにして、昨日のパス係数と同じようなものだと思って下さい。つまり、値がプラス1に近いほど結びつきが強く、ゼ

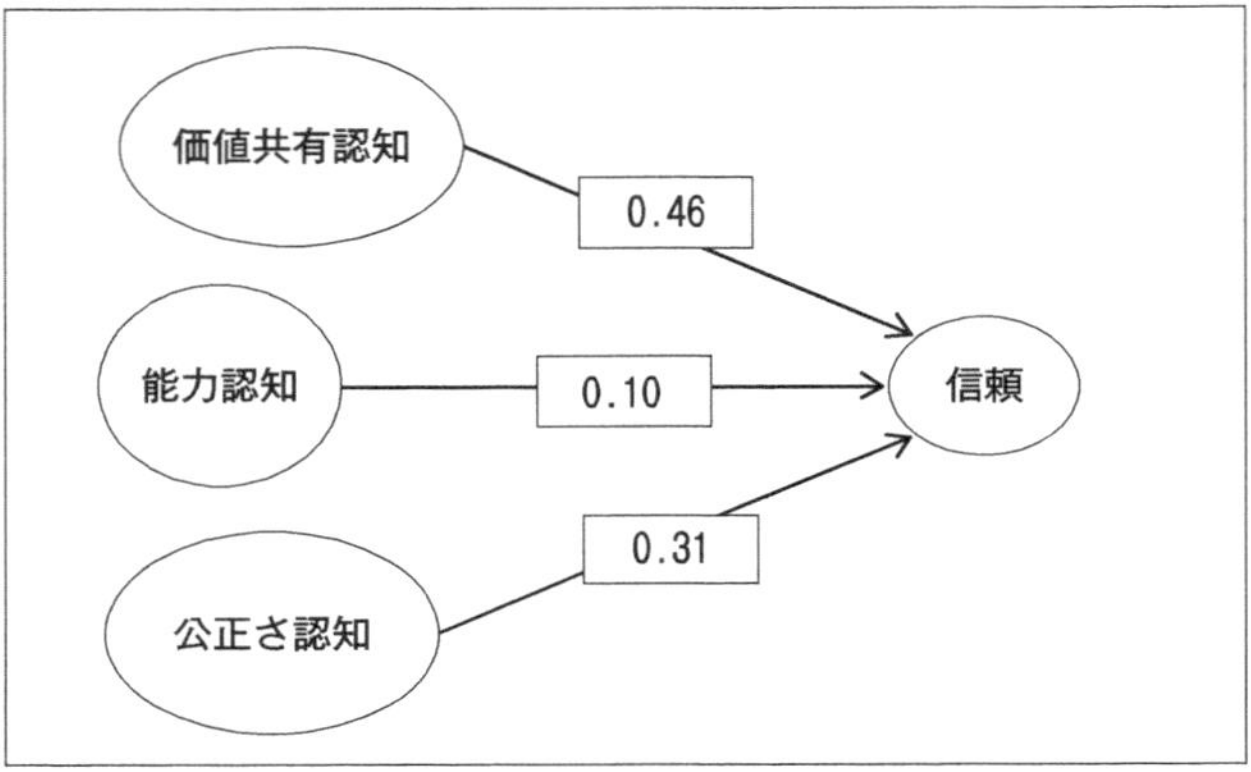

図５−４　たばこ税増税についての政府への信頼

ロに近づくと結びつきは弱くなる。ゼロならば両者の間にまったく関係はないというものです。

ご覧のように、価値共有認知の係数が最も大きく（０・４３）、続いて能力認知（０・２４）、一番小さいのが公正さ認知（０・１３）となっています。

図５−４はたばこ税増税問題に対する信頼の分析結果です。

やはり、最も値の大きいのは価値共有認知でした（０・４６）。たばこ税増税問題でも、未成年者の喫煙防止政策でも、政府を信頼できるかどうかは、価値の共有が一番のキーポイントだと言えます。政府が自分と同じような考えで政策決定をしているかどうかが最も信頼を決めるということです。その次に値の大きな要素は、たばこ税増税では公正さ認知（０・３１）で、もう一つの要素である能力認知（0・10）よりもずいぶん高い値が示されました。

では、ここで問題です。価値の共有の次に重要になってくる要素が二つの事案で異なるのはどうしてだと思いますか？

シンジ君　たばこ税増税では公正さと信頼の結びつきがある程度強いのに、未成年者喫煙防止だとずいぶん弱くなってしまう。それはなぜかっていう質問ですね。ちょっと難しそうです。

ナカヤチ　たばこ税増税と未成年者喫煙防止にはどういった性質の違いがあるかを考えてみて下さい。シンジ君は未成年者の喫煙に賛成ですか、反対ですか？

シンジ君　そりゃ、反対です。

ナカヤチ　他の人はどうだと思いますか？　シンジ君自身がどうかじゃなくって、国民全体の意見としては。

シンジ君　ほとんどの人は反対でしょう。「小学生にたばこを吸わせよう！」なんて言う人は見たことありません。

ナカヤチ　じゃあ、たばこ税増税はどうですか？　シンジ君は賛成ですか、反対ですか？

シンジ君　うーん、僕はたばこを吸わないので、どちらでもいいです。

ナカヤチ　自分さえ良ければ、それでいいんですね。

シンジ君　そうは言ってませんよ！

ナカヤチ　では、これについて他の人はどうだと思いますか？　みなさんシンジ君のようにどちらでもいいと思っているでしょうか。

シンジ君　そんなことはないでしょう。僕はたばこを吸わないのでどちらでもいいですが、喫煙者はたばこ代値上がりにつながる増税には反対するはずです。喫煙者は少数派ですが、確実に反対するグループだと思います。逆に、たばこが苦手な人とか、たばこが社会に有害だと考える人は賛成するでしょう。医療費の増大を抑えないとたいへんだ、と考える人も賛成するかもしれませんね。結局、人によりけりなんじゃないでしょうか。

ナカヤチ　つまり、未成年者の喫煙防止は誰もが賛成することだけれども、それに比べると、たばこ税増税は人によって見解に違いがあるということですね。そのことはデータからも示されています。質問の最後で賛否を0点から5点までの6段階で尋ねていますが、未成年者の喫煙防止については、回答者の過半数（56・8％）が最上位の賛成である5を選択しています。4と回答した人を合わせると全体のほぼ7割になります（67・9％）。一方、たばこ税増税の賛否については、最上位の賛成5と回答した人は全体の3分の1以下（30・4％）で、4と答えた人を合わせても全体の半分にも達しませんでした（44・3％）。ですので、たばこ税増税のほうが、未成年者の喫煙防止政策よりは、賛否が割れていると言えます。

このようにある問題に対して賛否が分かれている場合、主要価値類似性モデルによると、賛否のはっきりしている人は自分の価値と一致する政策をとるならリスク管理者を信頼するし、一致しないなら信頼しないと考えられます。ですので、最も強い影響力を持つ要素は価値の共有認知になります。

しかし、意見が分かれるという場合、賛否がはっきりしている人以外に、シンジ君のように強い見解は持っていないという人も多いはずです。そういう人は、賛成側、反対側両方の意見に耳を傾け、公正に判断を下すことのできるリスク管理者が望ましいと思うでしょう。このため、公正な判断ができるだろうと思える相手は信頼できるが、公正な判断ができない相手は信頼できない、つまり、公正さ認知と信頼との結びつきが比較的高くなると解釈されます。

一方、未成年者の喫煙防止のように、リスク管理者が提案するリスク対策に対して社会全般的に賛同が得られている問題では、もはや公正に判断するという資質はそれほど重要ではなくなります。むしろ、望まれる結果の実現に向けて、実効性のある具体策を立案し、実施できる能力があるかどうかが信頼を得るうえで重要になってくると思われます。

したがって、未成年者喫煙防止策の場合は、能力認知が信頼と結びつきやすくなるのだと解釈されます。

シンジ君　確かにそうですね。僕はたばこ税増税に強い賛否がないから、どちらでもいいって思います。誰かがフェアな立場で決めてくれるなら、それにお任せしたいです。

関心の程度と価値共有認知

シンジ君　ところで、先ほど僕が「どちらでもいい」と言ったのに対して、ナカヤチさんは「自分さえ良ければいいんですね」とおっしゃいましたが……。

ナカヤチ　ちょっと茶化《ちゃか》しただけですよ。やっぱり、根に持つタイプですね。

シンジ君　「やっぱり」って、何ですか。そうじゃなくって、僕の感覚としては、どちらでもいいの意味合いは、自分にとって良ければそれでいい、という判断とはむしろ逆方向なんです。

「自分さえ良ければ」って言うほどに、自分の望む状態がはっきりしていないからこそ、責任者が公正に決めてくれるならそれでいいと思ったんです。これは、たばこ税増税という問題について、僕の価値が明確になっていないということです。そもそも共有するべき価値が明確になっていない人にとっては、価値の共有によって信頼する・しないを決めるということは、できないんじゃないでしょうか。

ナカヤチ　確かにそうですね。喫煙は健康を損なう最大のリスクの一つであり、その対策は現在の日本において重要な社会的問題の一つになっています。けれども、すべての人がひとしく未成年者の喫煙防止やたばこ税増税に高い関心を持ち、自身の意見を確立しているわけではありません。

たとえば、自分に未成年の子供がいない人たちは、自分の子供が隠れて喫煙しているのではないかと心配している親たちよりも、未成年者喫煙防止問題への関心は低いでしょう。また、シンジ君のように、非喫煙者は喫煙者に比べてたばこ税増税問題に関心は持たないでしょうから、この問題に対する意見もそれほど明確ではないでしょう。

こんなふうに、対象となる問題への関心が低く、明確な賛否を持たない場合は、リスク管理者との価値共有認知が信頼を決める度合いは小さくなると考えられます。なぜなら、シンジ君が指摘するように、当該問題に関心がなければ、その問題についての価値が不明確になりがちで、そうであるなら価値類似性に基づいて信頼を判断することは難しいからです。

社会心理学に「価値保護理論」というのがあります。[24] この理論も関心が低い場合に価値共有認知と信頼との結びつきが低下することをうまく説明します。価値保護理論による

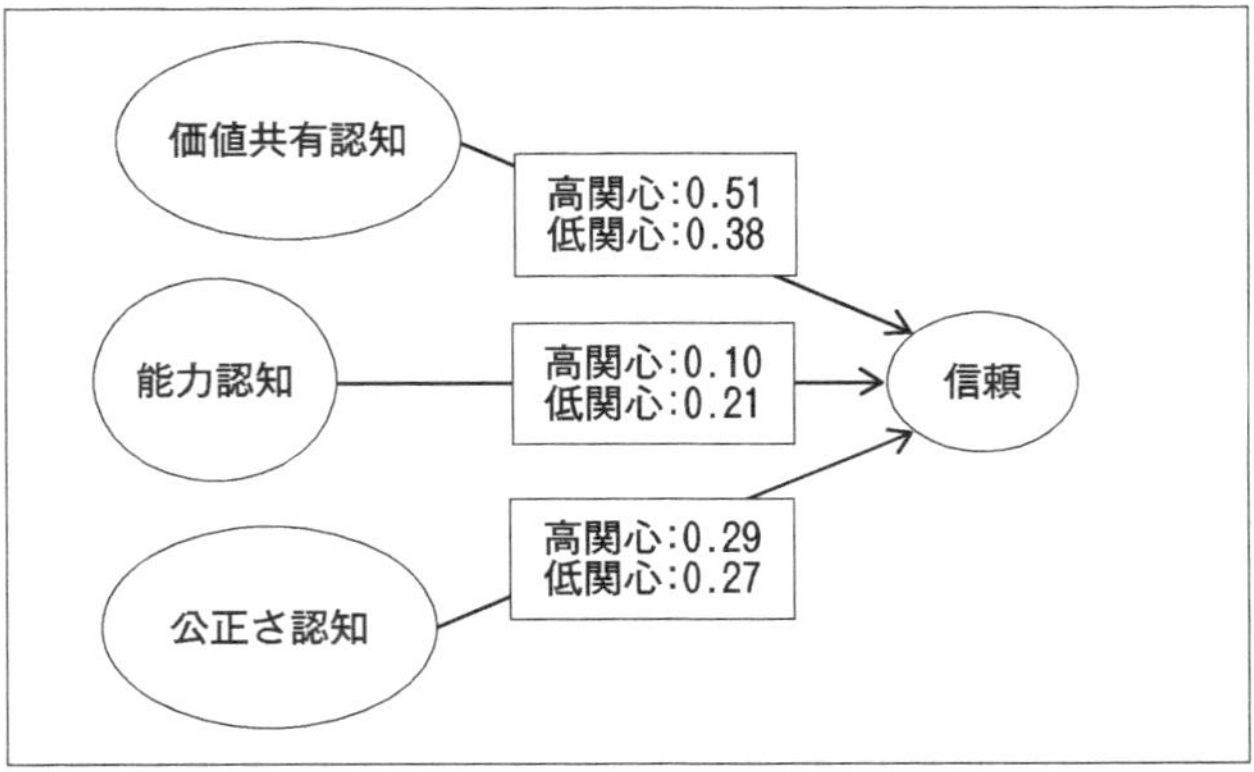

図5-5　関心の高さ別に見た、たばこ税増税についての政府への信頼

と、対象とする問題への関心が高い人にとっては、社会的に実現する結果が重要となり、関連する自分たちの価値を守るようモチベーションが高まるといいます。逆に、関心が低い場合は、社会的な決定へのプロセスが重要視されるといいます。つまり、関心が低い場合には、価値を守ろうとするモチベーションは低くなります。このため、信頼と価値共有との関連が弱くなると考えられるのです。

シンジ君　そのことは、調査結果から見出せないのですか?

ナカヤチ　よくぞ尋ねてくれました。図5-5をご覧下さい。これは、たばこ税増税問題を割り当てられた人のうち、関心が低くて賛否が不明瞭な人と、関心が高くて賛否がはっきりしている人を分けて分析した結果です。

関心の高さを6段階で尋ねていますが、低関心グループは、関心の高さが2点以下で、なおかつ、賛否を尋ねた質問に対して、回答する6段階尺度のうち、強い賛成でも反対でもない、中央の2ヵ所（2点と3点）のどちらかに○をつけた人たちです（102名）。一方、高関心グループは、関心の高さが3点以上で、なおかつ、賛否を尋ねた質問に対して、強い賛成を示す右端の2ヵ所（4点と5点）か、逆に強い反対を示す左端の2ヵ所（0点と1点）かのどちらかに○をつけた人たちです（304名）。

ご覧のように、価値共有認知が信頼を決める度合いは、高関心グループでは高く（0・51）、低関心グループでは低くなっています（0・38）。

この分析結果から、関心の高さによって、信頼に及ぼす価値共有の重要度が変わってくることが明らかになりました。

でも、もしかすると、関心の高さによって価値共有の重要度が量的に大きくなるだけではなく、信頼することの意味合いが質的に違ってくるのかもしれませんね。信頼するということは、代理人を立てるということと同じと言えますが、何のための代理人かが関心の高さに応じて変わるのではないかということです。

ある個人が対象とする問題について高い関心を持ち、自らの意見を確立しているなら、もはや誰かを信頼して解決策を〝提示〟してもらう必要などなくなります。つまり、高い関心を持つ人には、当該問題についての解決策を見出してくれる代理人は不要でしょう。けれども、解決策を〝実現〟する代理人は依然必要です。

たとえば、ある一般個人が喫煙による健康被害に深い関心を持ち、自分なりの解決策を頭に描いていたとしても、その人が勝手にたばこの税額を倍増させたり、喫煙可能年齢を引き上げる法律を制定したりできるわけはありません。その人ができるのは、自分が重要だと感じる価値を実現してくれそうな議員や政府、企業、NPOなどを選んだり、支持したりするという行為です。このような行為は自分にかわって解を見出すことを目的とした信頼行為ではなく、自分の重視する価値を実現することを目的とした信頼行為と言えます。

つまり、低関心の場合の信頼は、解決策を提案してくれる相手は誰かを判断することであり、高関心の場合の信頼は、すでにはっきりしている価値に沿った解決策を実現してくれる相手が誰なのかを判断することなのかもしれません。

調査結果の現実的な意味

シンジ君　この、たばこ政策を行う政府への信頼調査から、どんなことが言えるでしょうか。特に、会社の危機管理の一部として信頼の問題を考える場合、分析結果にはどのような意味合いがあるのでしょうか。僕の悩みどころとして、相手に応じたコミュニケーション戦略の立案というものがありますので、そのあたりを整理していただけると助かります。

ナカヤチ　まず、心に留めておくべきことは、価値共有認知の影響力が一貫して高かったということですね。問題が起こった場合、当事者となった人びとの視線から問題がどのように見えるのかを理解し、その枠組みの中でどんな価値が重視されるのかに思いをはせることが必要です。

また、コミュニケーションにおいては、相手が当事者なのか、それともトラブルには関わらなかった顧客なのか、あるいは一般市民なのかによって、同じ問題に対してでも主要価値は異なってくるでしょう。それぞれのコミュニケーションターゲットごとに、どのような価値が自分たちと共有できているのかを確認し、メッセージを発信すべきですね。問題を引き起こしておいて、相手かまわず自分たちの立場や考えばかりを一方的に主張しているようでは、信頼を回復することは難しいでしょう。

相手の価値に注意を払うことは常に重要ですが、今回紹介した調査結果で示唆的なのは、その次に考慮すべき要素の優先順位についてでした。社会的に広く支持されている未成年者喫煙防止についての分析結果では、能力認知が公正さ認知を上回って、政府への信頼に結びついていることが見出されました。ところが一方、同じ喫煙リスクの規制策とはいっても、それほど賛成一辺倒というわけではないたばこ税増税に関しては、公正さ認知が能力認知を上回っていました。

これらの結果から、ある問題が生じたとき、どう対処すべきかについて疑問の余地がないくらい社会的支持が確立している状況では、それを遂行する能力があると見なしてもらえるかどうかが、会社への信頼を左右する要因となるでしょう。このような場合、公正であるかどうかという評価は会社の信頼にとって小さなものに過ぎません。

たとえば、シンジ君の会社の商品によって多くの消費者に被害を与えてしまい、その原因については間違いなくシンジ君の会社に非があるとします。そういった場合、シンジ君たちの会社は全力をあげて被害者を救済すべき、という考えの正しさは疑問の余地がないでしょう。この状況で信頼を高める要因は価値の共有に続いて、被害者救済を具体的に推し進められる能力があると見なされるかどうかにかかってきます。公正な判断力を持つかどうかなどは、さらに関係ありません。

一方、ある問題の発生に関して、明確な賛否が社会的にまだ築かれていない場合は、会社が信頼を得るには公正な性質を認知されることが必要になります。この場合、逆に、有能さについての評価と会社が信頼されるかどうかとの結びつきは小さなものに過ぎなくなります。

たとえば極端な話、シンジ君の会社の海外支社で従業員がテロ組織に誘拐されたとします。会社が相応の身代金を払わないとその従業員を殺すという声明がテロ組織により発表されています。どうしますか？　こういった場合、人命尊重が一番なので身代金を払うべきという考え方がありますが、一方では、テロ組織の言いなりになることはテロ組織に資金を供給し、同様の犯罪を誘発することになるとして、要求を拒否すべきという考え方もあります。つまり、賛否が割れます。他にも、従業員の雇用をできるだけ守るほうが良いのか、それともどんどん合理化を進めてコストダウンを図るほうが良いのか、という問題でも人によって考え方が分かれます。こういった問題でも、信頼のために価値の共有は最も重要ですが、その次に影響するのは公正に判断する姿勢ということになります。

これまでの話をまとめると、次のようになるでしょう。

問題を起こした会社が人びとからの信頼を回復したいときには、自分たちがとろうとしている対応策が社会一般から支持されているものかどうかを把握し、それに応じて自らのどのような性質を強調すべきか判断しないといけません。何より大切なのは、信頼を得ようとしている相手の価値に配慮し、その価値を自分たちも守ろうとしていることをしっかり伝えることです。そして、自分たちが提案する対応策についてすでに一般的な支持が形成されているのであれば、自らの専門性の高さや、資格、高いレベルの科学技術的能力を強調し、その策を実施して人びとの価値を守る能力があることを認めてもらうことが必要です。

一方、自分たちの対応策に対して賛否が分かれている状況では、さまざまな意見に耳を傾け、公正な姿勢で作業を進めていることを明示して、その姿勢を認めてもらうことが必要です。

シンジ君　事故や不祥事の内容やコミュニケーションの相手によって、信頼の様相は変わってくる。したがって、行うべき対応も状況に応じて考えないといけないということですね。うちの会社で起こりうる事故や不祥事を洗い出して、対応の枠組みを整理しないといけませんね。

ナカヤチ　はい、それがいいと思います。さて、明日は信頼獲得のための具体的な処方について考えます。信頼獲得には自発性が大事なんだということを、ある実験の結果から見ていくことにしましょう。

5日目のまとめ

・たばこ政策は政府によって進められているが、未成年者喫煙防止がほとんどの人に支持されているのに比較すると、たばこ税増税による喫煙抑制策は、賛否が分かれている。

・いずれの政策においても、政府への信頼を最もよく説明する要素は価値の共有認知であった。

・その次に影響力を持つ要素は、賛否が分かれるたばこ税増税では公正さ認知であった。一方、ほとんどの人が賛成する未成年者喫煙防止に関しては、能力認知のほうが、信頼への影響力が強かった。

・関心が強い人ほど、価値の共有が信頼を決める程度も大きかった。

・問題が発生したとき、メッセージを送ろうとする相手の価値を理解する姿勢は常に重要である。自分たちの提案する対策が、なすべきこととして衆目の一致するところであるような場合には、その対策を実行する能力があると見なされるかどうかが信頼を左右する。一方、対策への賛否が分かれている場合には、公正な姿勢であると見なされるかどうかが重要となる。

6日目　信頼を得るためにできること

1日目に爆発装置付腕時計を紹介しました。そして、相手がそのような監視と制裁システムを装着している限り裏切られないと期待することは、信頼とは呼べないという議論を行いました。その際に、監視と制裁システムそのものは信頼を生まないが、使い方次第で信頼を高められる可能性があることを示唆しました。また、これまで繰り返し、価値の共有が信頼構築にとって重要であることも指摘してきました。

今日は、監視と制裁システムを拡張した信頼向上のための方略を説明し、その自発的な実行が価値の共有認知を高め、単なる裏切り防止機能を超えて信頼を向上させることを見ていきましょう。

人質供出

ナカヤチ　こんばんは、シンジ君。さっそくですが、いまが戦国時代で、私が大大名、シンジ君は小大名とします。

シンジ君　何ですか唐突に。しかも、やっぱりナカヤチさんのほうが大大名なんですね。

ナカヤチ　ナカヤチ家とシンジ家は隣接していて平穏な関係を保っていますが、本当は相手の領地が欲しいと思っている。

シンジ君　シンジ家って名字じゃないのでヘンですが、まあいいでしょう。隣国の領地を狙うっていうのも、戦国時代なら当たり前ですよね。

ナカヤチ　わがナカヤチ家は十分に勢力を拡大したので、ここで乾坤一擲《けんこんいってき》、天下を統一すべく京に上ることを決意しました。

シンジ君　それはおめでとうございます。

ナカヤチ　ここで後顧《こうこ》の憂《うれ》いがシンジ家です。私が京に上ろうと軍団を率いて出発した後、守りが手薄になったところで、ナカヤチ領に攻め入ろうって企んでいるでしょ！

シンジ君　架空の話を自分でつくっておいて、何を本気で怒ってるんですか。そんなことしませんよ。

ナカヤチ　いいえ、信じられません。さっき、隣国の領地を狙うのは当たり前って言ったばかりじゃないですか。もうこうなったら、憂いのタネであるシンジ家をひと息にひねり潰して、スッキリとした気分で京を目指すことにします。

シンジ君　そんなぁ。絶対に留守を襲うようなことはしませんから、勘弁して下さい。

ナカヤチ　では、ここで問題です。どうすれば、シンジ君は裏切らないと私に確信させることができるでしょうか？

シンジ君　そうきますか。うーん、史実として典型的なのは姻戚関係を結ぶことですね。

ナカヤチ　えぇー、私がシンジ君と結婚するんですか？　そんなの嫌ですよ。

シンジ君 ナカヤチさん、バカですか。そんなわけないでしょう。たとえば、僕の娘がナカヤチさんの息子さんのところに嫁入りするような形で姻戚関係を結ぶんです。

ナカヤチ それはもっと嫌です。私の息子にも選ぶ権利がありますから。

シンジ君 仮の話ですよ。そもそも僕には娘なんていません。

ナカヤチ そうでしたね。娘どころか、奥さんも恋人もいないんでしたね。

シンジ君 大きなお世話です。

ナカヤチ 姻戚関係を結ぶっていうのは、厳しい見方をすると人質をとることなんです。確かに、仲むつまじい夫婦関係を築いて、両国間に友好関係が生まれることもあったでしょうが、本質的には人質です。徳川家康の幼少期のように、あからさまな人質もめずらしくありません。これは、「おまえが裏切ったら、おまえの娘を殺すぞ、おまえの嫡男を殺すぞ」という状態をつくって、それによって相手の裏切りを抑制しているわけです。戦国大名にとって家を残すことや、家を血のつながった子供に継がせることは非常に重要な価値でした。そのため、人質を通じた監視と制裁のシステムはうまく機能したのです。

シンジ君 1日目に出てきた浮気防止の爆発時計と同じしくみですね。裏切ると、裏切った本人の腕が吹き飛ぶとか、嫡子を殺されるとか、ひどい目にあう。だから裏切りが起こらない。

ナカヤチ　そうです。こういったしくみは「人質供出」といって、取引主体間の裏切りを抑制し、協力関係を担保するしくみとして、以前から経済学で理論化されています。[25]

シンジ君　ただ、そのしくみは裏切り防止にはなるけれども、信頼とは呼べないっていうのも爆発時計と同じですね。どうにかして、信頼と呼べる状態にもっていくことはできないのでしょうか。

企業への社会的信頼というものを考えた場合、「あの会社は厳しく監視されているから、不正は行わない」と評価されるのではなく、「あの会社は信頼に足る良い会社だ」と評価してもらいたい。僕も、そのためにはどのようなコミュニケーションが必要かと悩んでいるわけですから。

ナカヤチ　もちろん、そこが重要なポイントですね。

では、シンジ君と私の立場を入れ替えて、思考実験してみましょう。シンジ君が天下統一を狙う大大名、私が隣接する小大名とします。シンジ君は自分が京を目指して進軍する間に、手薄になった領地をナカヤチ家が奪うんじゃないかと懸念しています。先にナカヤチ家を倒してしまう軍事力はあるのですが、京を目指すために、できるだけ力は温存しておきたい。さあ、どうしますか。

シンジ君　ナカヤチ家から人質を出すよう要求します。大事な人質であるほうが裏切らないでしょうから、ぜひ長男をよこして下さい。そうすると、私はナカヤチ家との戦闘で軍事力を消耗させずにすみますし、ナカヤチ家のほうもシンジ家からの攻撃を回避し、お家の滅亡を防ぐことができます。お互いの利益のためですから、ここはおとなしく長男を出して下さい。

ナカヤチ　でも、私は渋ります。出すことは出しますが、大事な長男は勘弁していただきたい。三男くらいで手を打ちませんか？

シンジ君　そんな交渉には乗りません。長男を出してこないんなら、侵略の意思ありと見なしてナカヤチ家を潰しにかかります。いいんですね？

ナカヤチ　わかった、わかった、わかりました。じゃあ、長男を人質に出しますから、攻撃はしないで下さい。……これが〝展開その1〟です。

シンジ君　つい、小芝居に乗ってしまいました。では、〝展開その2〟はどんなふうなのですか？

ナカヤチ　それはシンジ家が京への野心を持ったことを察知して、私のほうから動きます。「シンジさん、シンジさん、あなたは京へ上って天下統一したいと思っているんでしょう。それなら、ぜひうちの長男を預かって下さい。京への進軍に同行させていただけるなら名誉なことですし、両家の関係にとってもプラスになるはずです。留守の間もご心配なく。留守を狙うようなことは絶対にしませんし、もし裏切ったら、遠慮なくうちの長男を殺して下さい」。そう言って、自主的にかけがえのない長男を人質として送り出します。これが〝展開その2〟です。さあ、展開その1と展開その2とでは、シンジ君の印象はどう違いますか？

シンジ君　人質を出し渋る展開その1は怪しいですね。できれば裏切ってシンジ家の領地を乗っ取ろうというナカヤチさんの野心が見え見えです。一方、自主的に人質を送ってくる展開その2なら、信頼できると思います。ふだんのナカヤチさんの振る舞いを見ていると、その長男が本物かどうか疑いたくなりますが、もし、本物だとすると、本気でシンジ家と良好な関係を結びたいと願っているように思います。

ナカヤチ　そうですね。この場合、面白いのは、二つの展開においてナカヤチ家が供出している人質（長男）は結局、同じだということです。人質を供出するというのは、一定期間ある重要な人的資源を利用できない状態にすることですから、コストを負うことに他なりません。また、供出した大事な人質を失う可能性もあるのですからリスクを負うことにもなります。まったく同じコストやリスクをかけておきながら、出し渋り後の供出は相手に不信感を植え付けるだけ。一方、自発的な供出は相手に信頼感を与えることができるのです。

いまはわかりやすくたとえ話として説明してきましたが、自発的に監視と制裁システムの受け入れを申し出ることは、渋ってから受け入れるよりも、ずっと人びとからの信頼を高めることが、これまでの研究でも明らかにされています。[26] 受け入れる監視・制裁システムの内容はまったく同じであるにもかかわらずです。

ですから、シンジ君が課題として取り組んでいる、企業が消費者から信頼を得る方法としても、この自発的な監視と制裁システムの申し出は使えるのではないでしょうか。

シンジ君 透明性を高め、顧客への裏切り行為が発覚した場合には会社が制裁を受けるしくみを導入する。これを自発的に行うことで信頼を高めようということですね。なるほど、これは使えそうですね。

ナカヤチ 本当にそう思いますか?

シンジ君 えっ! またこのパターンですか。だってナカヤチさんがそう言ったんじゃないですか。

ナカヤチ 君も懲りない人ですね。では、そのしくみをどういうふうに具体化しますか? 私は少なくとも二つの問題点があると思います。

シンジ君 具体化としては、まず、監視の部分は、たとえば外部評価委員会を設けて、その評価結果を世間に公表します。外部評価委員は専門家だけでなく、消費者の代表にも入ってもらう。それを顧客や監督省庁から要求される前に自分からやればいいんですよね。

ナカヤチ　そうです。では、制裁制度のほうはどうしますか？　大事な長男を供出し、裏切りに対して殺されるというのに匹敵する、制裁のしくみをどう実現しますか。

シンジ君　えーと、ウチの会社が不祥事を起こした場合に、消費者や取引先企業がうちの責任者や会社自体にものすごいダメージを与えられるようにすればいいんですね。

ナカヤチ　はい、そうです。たとえば、会社が不正を行った場合は、被害を受けた当事者がシンジ君や社長を死刑にできる権限を与える、というようなしくみです。

シンジ君　何で僕が殺されなきゃいけないんですか。嫌ですよ。

ナカヤチ　死刑執行の権限を持たされた被害者だって、いざそうなると、ものすごく嫌な思いをするんじゃないですか。そもそも、現実の政策として一市民に殺人を許可する権限を預けられると思いますか？

シンジ君　それは無理でしょうね。でも、実際に命を奪うというのではなくクビをかけるというのはどうですか。実際に、大きな失態があった場合は社長が責任をとって辞任したり、担当者が実質的にクビになったりすることは多いでしょう。

ナカヤチ　やはり、社員を解雇する権限を社外の一市民に委ねることが法的、制度的にあり得ないでしょう。それに、現実に不祥事の責任をとって辞任することがあるのでそれを踏襲するというのでは、結局、そういった事態で現実に起こっている信頼悪化を甘受することになります。

シンジ君　では、責任者の抹殺ではなくて、会社を潰してしまうというのはどうですか？組織にとっては最大の制裁に当たります。

ナカヤチ　同じことですよ。会社を解散させられる権限を特定の市民に与えることは現実的ではありません。それに、一時的な感情にまかせて本当に潰させてしまったら、誰が被害者への補償を行うんですか。

シンジ君　会社を潰す権限を特定の市民に与えなくても、現実には、ひどい不正を行うと、社会に見放されて、結局は、会社はもたないでしょう。ですから、組織をお取り潰しにするという制裁制度は実質的に実現しているのでは……と思いましたが、これも責任者の処分と同じことですね。すでに実現していることを受け入れるだけなら、自発的な制裁の受け入れにはならない。

ナカヤチ　そうです。会社へのダメージにせよ、関係者への制裁にせよ、確かに制裁システムは暗黙裏に実現しています。しかし、実現していることなので、そのまま暗黙の制裁に委ねると言うなら、トラブルが起こったときの信頼危機もそのままということになるでしょう。シンジ君は何らかの働きかけを行うことで、そういった危機を乗り切りたかったはずですよね。
これが自発的人質供出を実現しようとする際の、一つ目の問題点です。戦国大名なら、裏切った相手が差し出していた息子の首を躊躇《ちゅうちょ》なくはねたかもしれません。でも、現代の日本の法制度上、裏切り行為に対する制裁実行のスイッチを、相手側の一般消費者や取引先に預けるということは現実的ではないのです。

シンジ君　なるほど。では、二つ目の問題点は何ですか？

ナカヤチ　それは人質供出そのものには、マイナス方向への利害の一致は働きますが、価値の共有が働かないことです。これまで見てきたように、信頼を高める最も強い要因は同じような価値を共に持っているという認知でした。ところが人質を出すというのは、受け身であれ、自主的であれ、ひどい目にあいたくないので協力するという意思表示に過ぎません。何を目的として協力するのか、協力することによってどんな価値を実現しようとするのか、そういった側面が人質供出に自動的に含まれるわけではありません。これが二つ目の問題点です。

シンジ君　その二つの問題点はクリアできないものなのでしょうか。

ナカヤチ　やりようはあると思います。
二つ目の問題点は、人質供出それ自体には価値の共有という側面が希薄だということでした。ですので、共有する価値を人質供出のプロセスに組み込んで、お互いに確認できるようにすれば、価値の共有による信頼の向上が見込めるでしょう。

戦国大名の例だと、ナカヤチ家とシンジ家は、いがみ合うこともあるがそもそもは同じ祖先から枝分かれした同じ一族であるとします。「いがみ合うのは現中央政権が圧政を敷いていて、窮乏しているせいである。中央政権による積年の蹂躙《じゅうりん》を跳ね返し、力を合わせて一族の自治を取り戻そう」と自分たちが共有する価値を確認したうえで、「それでもご心配でしょうから、どうぞ人質を受け取って下さい」と申し入れる。これによって、コストやリスクを負って人質を供出するのは、単に攻撃を恐れるからではなく、本気で共有する価値を実現したいからだ、とわかってもらえるでしょう。

一つ目の問題点に戻ると、信頼してもらいたい相手に制裁の権限を与えることが現実には難しい、ということが障壁でした。これは、相手にこちらの責任者や組織全体に処罰を与えるような権限を持たせることが日本の法制度ではあり得ないことによります。いまの日本で誰かに損害を与えた場合、どの程度の処分を下すのかを決めるのは被害者ではなく、裁判官です。被害者感情は考慮されますが、被害者の一存ですべてが決まるようにはなっていません。

この問題をクリアする方法の一つは、自分が裏切った場合に、相手が処分のために手を下すのではなく、自動的に処分が実行されるようなしくみを実現することです。

実は、その例はすでにお示ししています。浮気防止の爆発時計を思い出して下さい。この時計は常に私の生理学的状態を監視していて、私が女性と接触したとき特有の興奮パターンを検出すると、〝自動的に〟爆発するようになっているのです。これを自動式爆発時計と呼ぶことにします。ところが、従来の人質システムの考えだと、私が女性と接触したとき特有の興奮パターンを検出すると、そのことが私の妻に通報される。しかるのち妻が「よくも裏切ったなぁ！」と手元の爆破スイッチを押すことで時計が爆発、私の腕が吹っ飛んで、シンジ君もとばっちりを受けて重傷という手順になります。こちらは、手動式爆発時計ということになります。

シンジ君　いちいち僕のとばっちりまで手順に組み込まないで下さい。いまの話のポイントは、自動式爆発時計は制裁実施を自動化することで、裏切られた側が直接手を下さなくていいようになっていることですね。これによって、私刑を回避して、導入しやすくしようという狙いだと思います。

ただ、制裁の自動化は、「いざとなったら私の一存でこの人質を処分できる」という権限を奪うことになるわけですよね。もし、制裁の権限を握ることが人質効果のキモだとしたら、自動化された制裁システムでは、たとえ自発的にそれを導入しても、信頼につながらないということはないのでしょうか?

ナカヤチ　まさにそこがポイントです。私は自動化したほうが制裁は実行されやすくなり、むしろ手動式よりも信頼を高められるかもしれないと考えています。制裁の権限を握った人が実際にそれを実行すると、実行した本人が法的にまずい立場に陥ります。

たとえば、私が自分の意思で自発的に手動式爆発時計を装着したとします。ところがその後、つい魔が差して私が浮気をしてしまい、時計の通報機能で妻の知るところとなり、妻が制裁機能を発動させ爆破ボタンを押したとします。すると、いくら私が自分で装着した爆発時計でも、妻は傷害罪で警察に逮捕されるでしょう。それを考えると妻は躊躇すると思います。「こんなくだらない男の腕一本のために、私は服役するのか。制裁は与えたいが、自分が不利益をこうむるのはバカバカしい」と。そうなると、主体的に制裁に手を下さなければならない手動式爆発時計は、実はかえって制裁を実行させにくくなります。そして、実効性の低い制裁システムだと、それを握っていてもあまり相手への信頼は高まらないと考えられます。

また、そういった損得勘定以前に、自分が直接手を下して相手を殺すとか、回復不能なダメージを与えるということは、相手がひどい人間だとわかっていても、われわれの道徳感情がブレーキをかけるのではないでしょうか。むしろ、「誰か私にかわって、このひどい奴に天罰を与えてくれ」と願うでしょう。

ですので、制裁の権限を相手に付与しない自動的制裁システムのほうが、現実に導入しやすく、手動式システムよりもユーザー・フレンドリーで、ちゃんと人質供出と同じように裏切り抑止の機能を持ちえます。ただし、このしくみで重要なのは、相手が裏切った場合の自動的制裁システムが確実に作動すると確信できることです。それがないと、自分に制裁の権限を与えるよう求めたくなるでしょう。

これまでの話をまとめると、自発的人質供出の限界を超え、相手からの信頼を得るためには、

①制裁システムは、相手の意思によるものではなく、自動的に作動するようにしよう
②監視と制裁システムを自発的に申し入れるときに、価値の共有部分を確認し合おう

ということになります。

シンジ君　理屈はよくわかりました。でも、それはナカヤチさんの頭の中で考えているだけのことなのですか？　それだけでは説得力は弱いように思います。それに、爆発時計とか長男を差し出すといった非現実的なことではなく、実現可能な行為に落とし込んで説明していただいたほうが、僕の仕事に応用しやすくなります。

ナカヤチ　確かにその通りですね。価値の共有が信頼を高めることとは、これまでに実証的

な積み重ねがあります。けれども、裏切り時の制裁機能が自動化され、制裁の権限を与えられなくても信頼を高めることができるのかどうか、という点は確認が必要でしょう。これまでお話ししてきたように、理屈のうえではむしろ手動式制裁システムよりも有効ではないかという根拠もあるのですが、きちんとデータをとって確認することが必要です。それをより現実的な設定の中で行った研究例があるので紹介しましょう。

価値を共有しつつ、自発的に運命を共有化する

ナカヤチ　ここで紹介する研究は、[27] ひと言で言うとシナリオ実験です。実験協力者に架空のシナリオを提示し、その中に登場する人物をどれくらい信頼できるかを回答してもらうというものです。ただ、架空のシナリオといっても、あり得ない荒唐無《こうとうむ》稽《けい》なものではなく、現実を踏まえて設定しています。

シンジ君　シナリオの背景や設定を説明して下さい。

ナカヤチ　はい。背景には、福島第一原発事故後の低線量被曝のリスク管理問題がありました。

ご存じのように、福島第一原発事故によって大量の放射性物質が拡散しました。事故現

場から半径20キロメートル以内、および、年間積算放射線量が20ミリシーベルトを超える地域では居住が制限されました。それ以外のほとんどの地域では、放射線量は健康への影響は生じない低いレベルだという専門家がいる一方、リスクは決して低いとは言えないと主張する人もいました。

リスク評価の仕方はいろいろですが、福島県の多くのエリアでは原発事故以前に比較すると空間線量が一桁高いというのは事実であって、住民の心配は続きました。特に、チェルノブイリの原発事故時には放射性ヨウ素の内部被曝が地域の小児甲状腺ガンを増加させたことが知られています。ですので、小さな子供を持つ親の心配は大きなものでした。母親が子供の被曝を避けようとして、屋外での遊びを禁じたり、放射線で汚染されているかもと野菜を食べるのを控えさせたりするケースも多く、運動不足や栄養の偏りのリスクが懸念されるほどになりました。

こうした事態を受け、福島県と福島県立医科大学は放射線の健康影響に関する住民説明会を何回も開催しました。さらに、ホールボディカウンターによる内部被曝の測定を実施し、事故時に18歳以下であったすべての住民を対象に甲状腺検査も実施しました。

このように、福島第一原発事故の後、住民と向き合い、リスクコミュニケーションを担ったのは、被曝医療の専門家だったわけです。中には、その言動が厳しく批判された専門家もいましたが、一方では住民との良好な関係を築けた専門家もいたようです。そこで、この実験では、信頼評価の対象を福島県で活動する被曝医療の専門家としました。

この研究では、価値を共有しつつ自動的制裁システムを自発的に受け入れることの効果を見たかったのです。そこでまず、主要な価値の部分を制裁の内容に絡めようと考えました。

まず、自動的な制裁システムから説明しましょう。必要なのは、住民が被曝を原因としてひどい目にあった場合に、放射線のリスク評価やリスク管理を行っている専門家も連動してひどい目にあうしくみです。自動的システムですので、住民が直接手を下さなくても専門家に制裁が下されることが必要です。

答えから言うと、被曝医療の専門家もその地に移り住んで住民になってしまえばいいわけです。その地で、同じ空気を吸い、同じ水を飲み、地元の作物を食べる。もし、そのことによる健康リスクが大きいなら、地元住民の健康状態が悪化するだけでなく、そこで活動する被曝医療専門家の健康にも悪影響が出ることになります。これは、地元住民が専門家に放射線を照射するというような乱暴な行為なしで、専門家も住民自身と同じ健康リスクにさらされると見なされます。また、価値の共有認知という面でも、住民となることはまさに身内の立場で痛みを分け合う行為と考えられます。

シンジ君、福島における低線量被曝は何が問題なのでしょう。

シンジ君　もちろん、身体への影響、健康問題ですよね。放射線を浴びるとガンや白血病になるリスクがあるという点が問題です。

ナカヤチ　そうです。この問題で市民にとって主要な価値は、自分や家族の生命や健康でしょう。この地の空気を吸い、この地の水を飲み、地元の作物を食べる、そういった日常生活に大きな健康リスクがあるのか、ないのかが重大な関心事です。被曝医療の専門家自身がその価値を共有するということは、その地で同じ日常生活を送ることで実現します。

地元の食品から基準を超える放射線量が検出されたとか、線量の高いホットスポットが発見されたという情報に接すれば、住民もそこに住む専門家も気になりますし、逆に、基準を超えるような作物がまったく出なくなったというニュースは喜ばしいものです。つまり、移り住んだ専門家は、放射能問題に対して、そこに住む住民という同じ立場で、同じような感情を抱くと感じられる。そういう形で住民から価値の共有が認知されやすくなります。

このように、低線量被曝が問題となる地に住民となって移り住むことで、被曝医療の専門家は住民と価値を共有し、同時に、住民の身に起こる不都合は自分の身にも必ず起こるという自動的制裁システムに身を置くことになるのです。

ただ、そのように身を置くことそのものが信頼を導くのではない。自発的にそうすることで積極的に同じ価値を共有しようとしていると認知され、信頼すべき仲間としてのシグナルとなって、住民からの信頼が高まるだろうというのが、この研究の基本的な考え方です。

シンジ君　話そのものはわかりました。ただ、福島に移住することを制裁システムに入るという言い方は、かなり引っかかりを感じます。それだと福島に住むことが罰みたいな印象を受けます。

ナカヤチ　ああ、そういう気持ちを持たせてしまったら、ごめんなさい。決してそういう意味ではありません。Sanctionという学術用語をそのまま日本語にして使っているのです。確かに印象はよくないですが、人質供出と同じ概念で機能を比較できますのであえてそのまま使っています。

シンジ君　そうですか。では、人質供出が自発的なときは、受動的なときよりも信頼を高める作用があるように、専門家の移住についても、自発的・積極的に住民となる場合のほうが、受動的・消極的に住民になる場合よりも、信頼のレベルが上がるという仮説を検証するわけですね。

ナカヤチ　その通りです。さらに、それら二つの場合に加えて、「住民とはならない」という条件も設けて比較します。受動的であろうが、自発的であろうが、住民となることは理論的に制裁システムに入ることです。それに加えて、そもそも制裁システムに入らない、という場合の信頼のされ方と比較してどうなのかという点も、興味深いところです。

具体的な設定をお話ししましょう。

実験に参加していただいたのは、子供と同居する、関西地方在住の主婦118名でした。子供を持つ主婦を対象とした理由は、先述のように母親の信頼やリスク認知が、家庭での子供たちの健康リスク管理に影響するからです。関西在住者を対象としたのはこの地域は福島第一原発から500キロメートル以上離れており、彼女らは事故以降も低線量被曝医療についての信頼問題には直面していなかったからです。

東日本に在住し、原発事故後にこの問題に関与してきた人は、すでに低線量放射線被曝のリスク管理体制について一定の見解を持っている可能性が高いでしょう。そのような人たちでは、実験で与えられるメッセージの影響を検出するのが難しいので、実験参加者としては適切ではないと考えました。なお、実験を実施したのは2013年9月です。

条件は先ほどお話ししましたように、「自発的移住条件」「受動的移住条件」「移住なし条件」の三つがあり、実験参加者はこれらのうち一つだけに無作為に割り当てられました。実験の手順はある被曝医療の専門家（教授A）についての報告を読んで、信頼に関連するいくつかの評定項目に回答する、というものです。すべての参加者に、まず、次のような文章を読んでもらいました。

東日本大震災に伴う福島第一原発の事故により、多くの地域住民が放射線に被曝し、その悪影響を心配しています。この状況において、被曝医療を専門とし、西日本のある大学の医学部で働いていたA教授は、

これに続く内容が、次のように条件によって異なっています。まずは、自発的移住条件です。

自発的移住条件

(A教授は、)自らの意思で福島に移り住んで医療活動を始めました。元の医学部を辞めて、福島県内の医療研究機関で働く道を選び、住民票も福島に移しての完全移住です。A教授の移住は、自らの意思による自発的なものでした。

シンジ君 A教授の〝本気〟を感じさせますね。

ナカヤチ　次は、受動的移住条件です。結局は、福島に完全移住することでは自発的移住条件と同じであることにご留意下さい。

受動的移住条件

（A教授は、）周囲からの圧力により福島で医療活動を始めました。本人は移住を避けたかったのですが、関係者から強く要求されたため、しぶしぶ受け入れました。その結果、元の医学部を辞め、福島県内の医療研究機関で働くこととなり、住民票も福島に移して完全移住しました。A教授の移住は、周囲の要求によるものであり、自発的なものではありませんでした。

シンジ君　福島に移住して、そこで医療活動を行っていることは同じでも、先ほどとはずいぶん印象が異なります。

ナカヤチ　最後は移住なし条件です。

移住なし条件

（A教授は、）福島で医療活動を始めました。ただ、福島へ移り住むことはせず、必要に応じて福島県内の医療研究機関に出張して業務を行い、それが終わると速やかに西日本の地元に帰っています。

シンジ君　これはこれで、専門家としての役割を淡々と果たしている感じですね。ただ、速やかに帰ってしまうというところで、急いで逃げていくという印象がしないでもありません。

ナカヤチ　実際に、実験参加者の方々がそれぞれの文章に対してどういう印象を抱いたのかをきちんと測定しないといけません。そこで、自分に割り当てられた条件の文章を読んでもらった後、参加者にはA教授についていろいろな項目で評価をしてもらいました。項目は4日目に紹介した、震災に関連する組織への信頼研究のときと同じようなものです。回答も同様で、リッカート尺度を使って、それぞれに対する同意の程度を1点（全くそう思わない）から5点（非常にそう思う）までの中から選び、当てはまる数字の○にチェックを入れる形式でした。

信頼3項目

- 信頼できる
- 頼りになる
- 任せておける

価値共有認知3項目

・住民と同じ目線に立っている
・住民の気持ちを共有している
・何を重視するかが住民と一致している

能力認知3項目

・専門的技術が高い
・有能である
・豊かな専門知識を持つ

動機づけ認知3項目

・一生懸命である
・よく頑張る
・熱心である

ところで、プロフィールは匿名のA教授として示しましたが、実際に、自発的移住条件と同じように、福島県に移り住んだ医師は何人かいました。ですので、この実験の設定は決して非現実的なものではありません。

シンジ君　この実験では各要素を3項目使って測定しているのですね。その場合、確か尺度の一貫性を確認するんでしたよね。

ナカヤチ　そうです。各要素それぞれに3項目を用意して測定したのですが、いずれの要素も3項目間で非常に高い一貫性が確認されました。ですので、たとえば信頼の評価については、「信頼できる」「頼りになる」「任せておける」の3項目の平均値を個人ごとに求めて、信頼得点としました。価値共有認知得点、能力認知得点、動機づけ認知得点についても同様です。

では、結果を見ていきましょう。まずは一番重要な信頼評定の結果です（図6－1）。

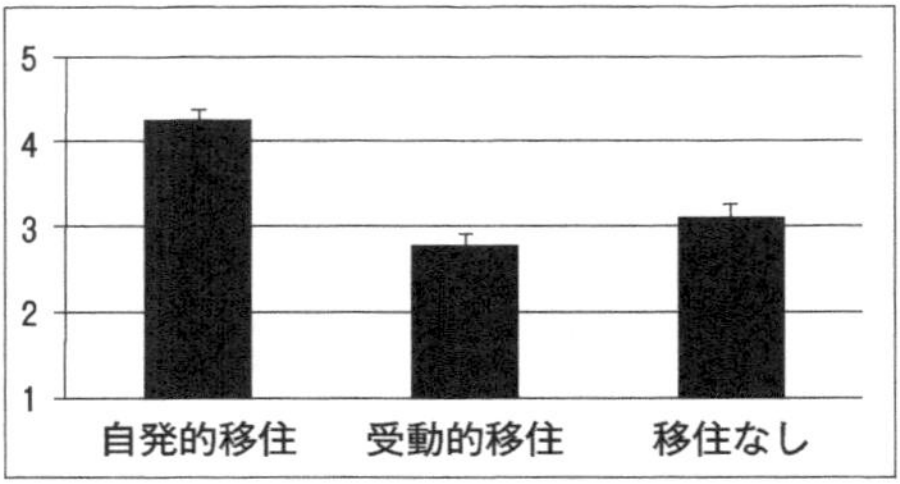

図6－1　信頼評定

ご覧のように、自発的移住の信頼が受動的移住や移住なしよりも大幅に高いことがわかります。1点から5点の5段階評定で平均4・26という値ですから、かなり天井に近い高さです。一方、受動的な移住は、移住なし条件よりもむしろ信頼が低いくらいです。ただ、統計的にはこの2条件の差は誤差範囲内にありました。

とにかく、自発的移住は他の2条件よりも統計的に信頼が高いと言える分析結果でした。自主的にその地域に移住して、住民と運命共同化を図ることによって高い信頼が得られる。

　ところが、そのプロセスが受動的な場合は、そもそも運命共同化しないのと同じレベルの信頼しか得られない。それがこのグラフの意味するところです。ここでのポイントは、自発的移住も受動的移住も、結果的には福島県に住んでわが身を制裁システムの中に置いているという点では変わらないということです。にもかかわらず、それが自主的な行いであったのか、要請されてしぶしぶやったのかによって、信頼は大きく変わってしまうというわけです。

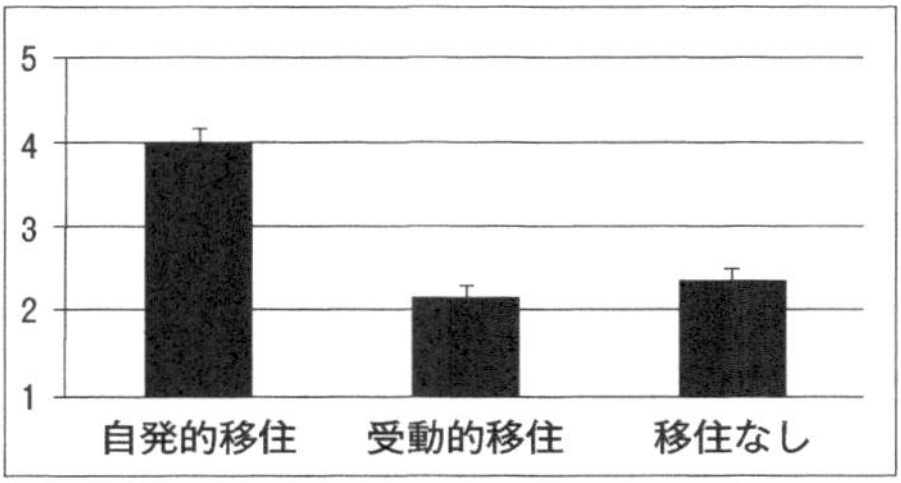

図6−2　価値共有評定

　それからもうひとつ大事なポイントは、この設定で住民たちはA教授が裏切り行為を働いた場合に、制裁を加える手段を何も与えられていないということです。直接手を下す形での制裁権限を与えられなくても、自発的に自動的な制裁システムに入ることで信頼は高まることが示されたのです。

　では次に、価値の共有認知評定について見てみましょう。図6-2をご覧下さい。先ほどの信頼評定と同じパターンですね。

自発的移住は他の2条件を大きく引き離して価値共有得点が高い。一方、受動的移住は、移住なしとあまり変わりはない。

シンジ君　同じように命運を共にするとしても自発性が重要ということですね。お互い同じような目にあうとしても、自ら進んで受け入れたのではなく嫌々ながら仕方なくその状況になってしまっているような場合は価値を共有する相手とは見なしてもらえない。

ナカヤチ　その通りです。そして、価値を共有せず、ナカヤチ家が長男を出し渋ったように、裏切り防止装置の受け入れも渋るような相手なので、信頼されないというわけです。

ここで、これまでと同じように、価値共有認知と能力認知と人柄認知（動機づけ認知）とを比較して、どの要素がより信頼と結びついているかという分析を見てみましょう。前日に紹介した重回帰分析という手法を使った最終的な分析結果が図6－3です。図の中の数値は標準化ベータ係数といって、各要素と信頼との結びつきの大きさを示すものでした。プラス1に近づくほど関係は強くなり、ゼロに近づくほど関係は希薄、ゼロだと無関係ということを意味するのでしたね。

まず、価値共有認知のベータ係数を三つの条件で比較してみましょう。自発的移住が最も低く0・28、それに比べると受動的移住と移住なしはずっと高い値で、0・42、0・43となっています。これだけを表面的に見ると、自発的に移住した場合、価値を共

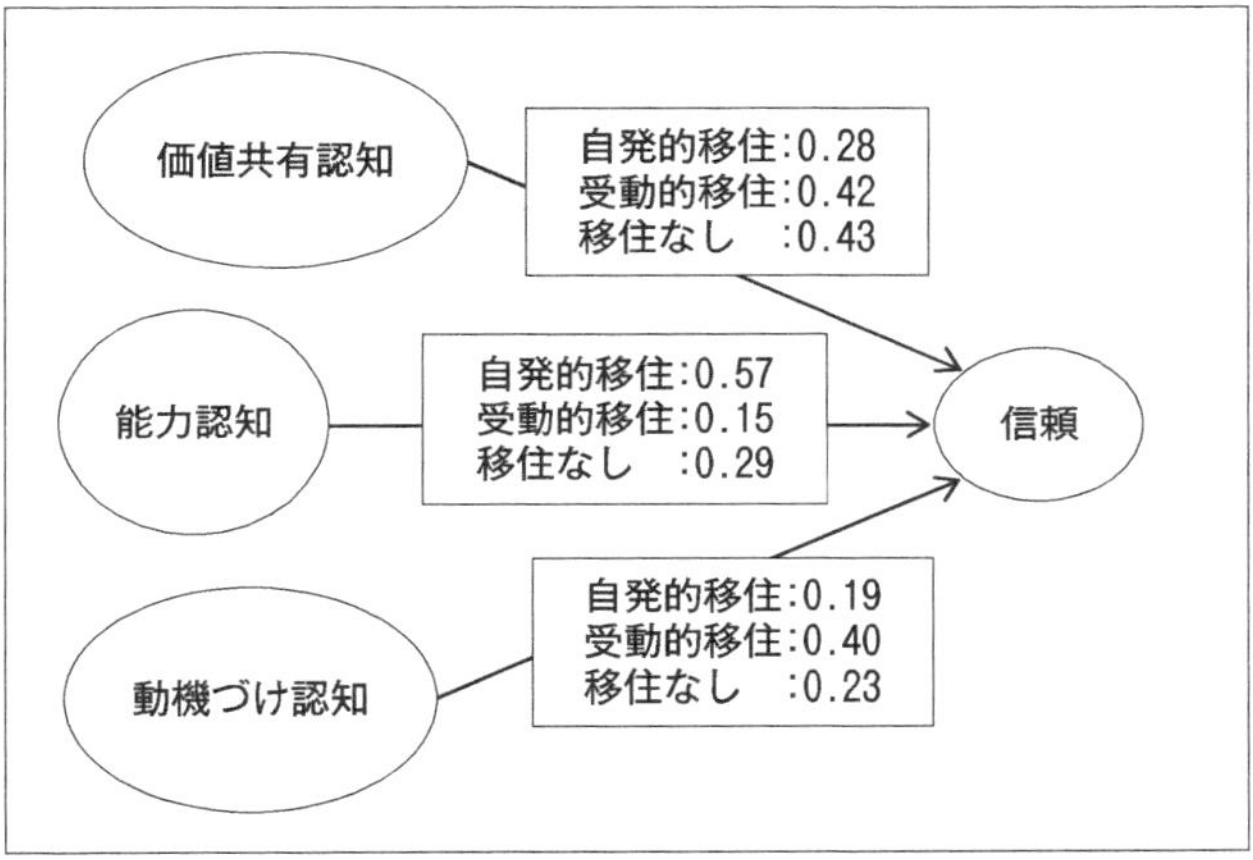

図６－３　移住条件別に見た、被曝医療専門のＡ教授への信頼

有することと信頼とは関係が弱いかのように感じるかもしれませんが、それは少し違います。ちょっと話がややこしいので、よく聞いて下さい。

自発的移住の文章を読んだ参加者グループは、前の図で見たように価値共有のベースラインが、ぐーっと上がっています。それに応じて信頼のレベルも底上げされています。つまり、自発的に移住することで、それを評価した参加者グループでは、A教授に対する信頼のレベルが全般的に高くなっています。しかし、全般的に高いと言ってもグループの中で個人差はあって、その中でよりA教授を信頼する人もいれば、相対的にはA教授への信頼が低めの人もいます。そのような個人差を、価値共有認知の大小ではもはやあまり説明できない。では、何で説明できるのかというと、ベータ係数が０・５７もある能力認知というわけです。

つまり、価値の共有を伴う自発的移住によって信頼レベルが全体的に上昇している中で、さらにグループ内での信頼の高さは何によって決まるのかというと、能力があると見なすかどうかだ、ということになります。Ａ教授の能力が高いと認知する人は、より高くＡ教授を信頼しています。このような結果は、震災関連組織の調査結果で、信頼の高かった気象研究所やＪＲ東日本についての結果と同じです。元々信頼の高い組織では、個人の信頼の高さを決定する要素はそもそも評価の高い価値共有ではなく、能力認知などの要素にシフトする傾向が一般にあると言えるでしょう。

そして、震災関連組織の調査結果と今回の実験結果とでは、信頼が低い組織において価値共有と信頼の結びつきが強いという点でも一致しています。震災関連組織の調査で最も信頼レベルが低かったのは東京電力と原子力安全・保安院でした。そして、この二つの組織では価値共有と信頼の結びつきがとても高かったのです。

今回のＡ教授の信頼実験でも、受動的な移住条件や、移住をしないという条件では、棒グラフで示されたように、信頼のレベルは低いものです。そして、これらの条件での価値共有認知と信頼とを結ぶベータ係数は０・４２、０・４３とたいへん高い。つまり、受動的移住条件や移住なし条件の実験参加者グループでは、A教授に対する全般的信頼レベルは低い。その中でもグループ内に個人差はあり、価値共有認知の高い人は比較的信頼が高く、価値共有認知の低い人のA教授に対する信頼はさらに低くなると言える。信頼の個人差を決めているのは価値の共有認知の大きさということです。

実験結果から危機管理の準備に向けて示唆できること

シンジ君　この実験結果から、トラブルを起こしてしまった企業の危機管理に対して、どんな助言ができますか。特に、再発防止策を設定するときには、同時に、信頼の回復にも道筋をつけたい。そんなときにはどんな手立てが可能でしょうか。

ナカヤチ　一つは、もし、被害を再発させてしまうことがあったら、会社やその中の責任者も自動的にひどい目にあうようなしくみを設定することです。つまり、監視と制裁のシステムを設けるのですが、ここで重要なことは、自主的な姿勢でそれに取り組むことです。周囲からやかましく要求されてからやっと受け入れるというのでは、監視と制裁システムをまったく設けないのと同じくらい、信頼はされないままだろうということです。

今回の実験で明らかになったのは、顧客や消費者が直接、制裁に手を下すようなしくみがなくとも、自発的に監視と制裁システムを受け入れることで、ちゃんと信頼向上策となり得るということです。ですので、新たな被害が発生した場合には、自動的に会社や責任者も被害者の痛手と無関係ではいられないようなしくみを設定することで、信頼の回復が図れると思います。もちろん、その時点で信頼が壊滅的な状態なら何をしてもどうしようもありませんが。

先ほどのシンジ君の話では、「不祥事を起こした場合、外部から評価を下され、被害の大きさ、責任の重さ次第では会社の存続は危うくなる。だから、暗黙の監視と制裁のシステムが機能しているのでは」とのことでした。それはその通りなのですが、〝待ち〟の姿勢だとダメですね。そういう姿勢だと、本人はおとなしく恭順の意を示しているつもりでも、外からは「何もしようとしない」「責任を感じていない」と見なされるでしょう。あくまで、会社側の自主的な意向として第三者の監視を導入することが必要ですし、監視によって不埒《ふらち》な行いが将来、再度発見されれば、自動的に会社がたいへんなことになるしくみを、自らの手で自らに課すことが必要でしょう。

また、制裁によって組織が失うもの、逆に、誠実で適切な運営によって組織が得ようとするものを、顧客などステークホルダー（利害関係者）と共有できればよいですね。つまり価値の共有を意識するわけです。そして、相手と協力してお互いが大切に思う価値を守ったり、実現したりするために協同する。あるいは、こちらの裏切りによって相手の重要な価値を損ねてしまった場合は、同時に自分にとって大切な価値も失ってしまうという関係を、自主的に構築する。こういった行為が信頼を高めると考えられます。

信頼が問題になるときというのは、不祥事などで信頼が低下しつつあるときですよね。今回の実験結果と先の震災関連組織調査から言えることは、そういう信頼が低下した状況で最初に考えるべきは、自発的に価値の共有、さらに、監視と制裁システムの導入を行って、とにかく信頼レベルを1段引き上げることです。それがうまくいって、さらに信頼を高めたい場合には、次のステップとして技術力や専門知識の豊かさなど、能力面の充実をアピールすればよい。あるいは、全社あげての努力、安全で優れた製品をつくろうとする高い動機づけを理解してもらえるアプローチをとればよいでしょう。この優先順位が大切なんだと思います。

シンジ君　一つ質問があります。今回の実験は、参加者が福島在住の方々ではないですよね。つまり、福島第一原発の事故で直接の被害をこうむったり、低線量放射線被曝の問題で悩んだ人たちではない。むしろ、地域的にも離れて、心理的にもちょっと距離のある人たちにA教授のことを評価してもらったわけですよね。そのことに問題はないのですか。

ナカヤチ　それは、どういった立場の人の信頼を検討したいのか、ということによります。シンジ君の会社の危機管理で言うと、不祥事を起こして被害を与えてしまった直接の被害者からの信頼回復を問題とするのか、それとも、直接の被害者とのやりとりを通して会社が信頼できるかどうかを見ている、一般消費者や住民の評価を問題とするのか、ということです。そして、今回の実験では、シンジ君の言う通り、直接の利害関係者というよりも、ちょっと距離を置いた人からの信頼を検討したわけです。もちろん直接の被害者との関係も重要ですが、会社の存続ということでは、再発の防止と、被害者となってしまっていたかもしれない一般消費者や取引先からの信頼をいかに回復するかも重要な問題ということではありませんでしたか。

シンジ君　なるほど。そこを狙って、お子さんをお持ちの主婦のデータを集めたのですね。２０１１年の災害で直接の被害は受けなかったけれども、西日本で災害が起きれば子供の安全のために右往左往することになりかねない立場の方々の評価を調べたということでしょうか。

ナカヤチ　はい、そうです。そのうえ、私自身はこの「自発的に自動式制裁システムを取り入れ、積極的に価値を共有して、裏切りに対してはその価値を失うしくみを実現する」ことで、距離のある一般市民に対してだけでなく、直接の利害関係者の方々からも信頼を高められるだろうと思っています。むしろ、一般市民に対してよりも、機能するかもしれません。これにはシンジ君も関心があるでしょう。

シンジ君　はい、ぜひ知りたいですね。直接の当事者の方に対しても、一般の方に対しても同時に信頼を回復できる効果があるのかどうか。不祥事を起こした会社はその両方に対処しないといけないのですから。

ナカヤチ　私もぜひ、実験をして調べてみたいところなんですが、簡単に実験するといってもけっこうな費用がかかるんですよ。シンジ君、ボーナスは出ましたか。

シンジ君　貸しませんよ。

ナカヤチ　貸せなんてケチ臭いこと言いません。全部下さい。

シンジ君　ナカヤチさん、やっぱりバカですね。

ナカヤチ　いいから黙って、全部私に投資して下さい！

シンジ君　蹴りますよ。

6日目のまとめ

・裏切らないことを担保するための制度として監視と制裁システムがある。これは人質供出と呼ばれる。ただし、人質を出していることそれ自体は裏切り防止策となり得ても、信頼を高めるわけではない。

・しかし、自発的に監視と制裁システムを自らに導入すること、すなわち、自主的に人質を供出することは相手からの信頼を高める。

・人質を受け取るということは、相手が裏切った場合、自分が手を下して相手にダメージを与えるという特徴を持つ。しかし、この特徴は法治国家において機能させにくいし、道徳感情も妨げになるだろう。むしろ、人質ではなく、相手が裏切った場合に自動的に制裁が発動するしくみのほうが現実的である。

・積極的に価値を共有し、自発的に自動的制裁システムに入ることで、信頼は高くなった。同じことをしても受動的なプロセスでは、何もしないのと変わらず信頼は低い。

・不祥事によって低下した信頼を高めたい場合、まずは、積極的に対象者との価値の共有を図り、不祥事の再発が自身への大きなダメージと連動するしくみを自発的に導入すべき。能力面や動機づけ面のアピールはその次の段階の取り組みとなる。

7日目

東日本大震災後、不信の波及は起こったのか？

東日本大震災で日本は甚大な被害を受けました。日本に住むものは皆、地震と津波の恐ろしさを再認識し、原発災害への対処の難しさを実感したことでしょう。地震や原発事故を含め、私たちの社会にはさまざまなハザード（危険要因）が存在しますが、その被害を抑えるべく各領域でリスク管理が行われています。では、東日本大震災を経て、リスク管理に対する人びとの全般的な信頼はどのように変化したのでしょうか。

最終日は、多様なハザードを取り上げ、それぞれのリスク管理への信頼について全国調査を行った研究結果を紹介します。

東日本大震災とリスク管理への信頼

シンジ君　今日でいよいよ最後ですね。これまでのお話をうかがって、信頼問題に取り組む際に考慮すべき要素や、さまざまな要素と信頼との関係性についてずいぶん理解できたような気もします。けれども一方で、具体策を組み立てていくにはまだまだ考えるべきことが山積みのようにも思えます。

ナカヤチ　それはそうでしょう。これまでお話ししてきたトピックスはリスク管理や事故、災害に関するものが中心で、広範な信頼研究のごく一部の領域にしか過ぎません。でも、その領域の中で、信頼問題に取り組もうとするときの枠組みが見えてきたなら上々です。その枠組みをシンジ君の現場に持ち帰って、現場の状況に合わせて具体策を考えていけばいいのです。

さて今日は、これまでとは少し目先を変えて、ある対象への信頼崩壊は、別の対象にまで拡散してしまうのかどうかという話題を取り上げます。そして最後に、今日までお話ししてきたすべての内容について、シンジ君の疑問を出していただき、それらについて考えていきましょう。では、今日の話題に入ります。

いまさら、東日本大震災の被害の大きさを説明する必要はありませんね。これまでのお話でも何度か東日本大震災を取り上げて、信頼の性質について考えてみました。ここでは、東日本大震災が日本の安全管理への信頼全般に、どう影響したのかを考えてみましょう。地震や原発事故以外に、私たちの社会にはさまざまな危険因子が存在します。たとえば、シンジ君は今日の帰り道、自動車事故にあうかもしれないし、わけもなく転倒して大けがをするかもしれない。仕事で大失態をおかして、失業してしまうかもしれない。

シンジ君　はい。ナカヤチさんも犯罪被害にあうかもしれませんし、お酒の飲み過ぎで身を滅ぼすかもしれません。食事中の行儀が悪いので、喉に食べ物を詰まらせて窒息するかもしれませんね。

ナカヤチ　はい。シンジ君、やりとりの腕を上げましたね。そういった個人的なリスクから、年金の危機、耐震性の偽装といった社会的なリスク、さらには地球温暖化や石油資源の枯渇といったグローバルなリスクまで、私たちは多種多様なリスクに囲まれて生活しています。そして、それらによる被害が顕在化するのを抑えるべく、さまざまな領域でリスク管理が行われています。リスク管理を行う人のことをリスク管理者と呼びますが、これは抽象的な概念で、必ずしも特定個人をさすわけではありません。たとえば、５日目に扱った、たばこのリスク管理者は日本国政府と言えます。

では、ここで問題です。東日本大震災を経験して、全体的に見た場合に、日本人のリスク管理者に対する信頼はどうなったと思いますか？

シンジ君　単純に考えても、地震や津波、原発に関連するところでは、信頼はガタ落ちでしょう。あれだけの大きな地震をまったく予測できなかったわけですし、原発の事故も防ぐことができませんでした。放射能汚染は地域住民の生活に大きな打撃を与えたうえに、日本全体にも大きな混乱をもたらしました。

ナカヤチ　そうですね、地震のリスク評価や原発のリスク管理への信頼が低下したのは間違いないところです。では、他のリスクについてはどうでしょうか？　先ほどあげたように、私たちが対処すべきリスクは地震と原発だけではなく、多種多様ですよね。

問題を少し絞りましょう。地震や原発以外の、震災とは直接関係のないさまざまなリスクの管理のあり方に対して、信頼はどうなったのでしょうか。全般的に下がったでしょうか、上がったでしょうか、それとも、影響なしでしょうか。

シンジ君　僕は、下がったような気がします。

ナカヤチ　なぜ、そう思うのですか。

シンジ君　阪神淡路大震災が起こったのが1995年で、同じ年にオウム真理教による地下鉄サリン事件が発生しました。僕は小さかったので、どちらもうっすらとしか覚えていないのですが、「安全神話は崩壊した」「もはや日本は安全な国ではなくなった」と言われ始めたと聞いています。大災害、大事件がきっかけとなって、社会全体が危険であるという考えが強まったんだとしたら、今回も同じことが起きているように感じます。

原子力発電所の事故をうまくコントロールできなかったことで、じゃあ火力発電所は大丈夫だろうか、危険物を取り扱う大きな工場はちゃんと安全管理されているんだろうか、と悲観的になってしまうと思います。地震と津波という自然災害でこれだけ多くの被害者が出たことから、台風とか河川の氾濫、豪雪、干ばつといった自然災害には、人間は抗えないんだと悲観的に感じるのではないでしょうか。

それに、自然災害であろうが技術災害であろうが、リスク評価やリスク管理は科学技術の専門家が行っているわけですよね。分野の違いはあるでしょうけど、科学技術全般に共通するものの考え方やテクニックがあると思うんです。地震を予測できず、原発事故を防げなかったということは、科学技術というものが思っていたより全般的にレベルの低いものだったのだ、とあてにされなくなるかもしれない。そうなると、科学技術に支えられているリスク管理への信頼はすべての領域で落ちると思います。

ナカヤチ　いまのシンジ君のお話は、信頼を決める要素のうちの能力認知についてのことですが、価値の共有認知についても同じことが言えるでしょうね。私たち国民は、科学技術者がいろいろな領域でリスク管理を行っていることをわかっています。でも、「彼らは、市民の目線でものを考えることもなく、感情を共有せず、何を重視するかも異なっている。科学技術者とはそういう性質の持ち主で、われわれとは違う。だからこんな事態になってしまったんだ」と、科学技術者と住民との間で価値のズレがあるのが一般的なのだと想定してしまうと、やはり信頼は全般的に低下するでしょう。

シンジ君の意見は、東日本大震災の被害で地震や原子力発電のリスク管理への信頼は低下し、同時に科学技術者への信頼が全般的に低下した。このためにリスク管理への不信が他の領域にも広がった、という考え方ですね。ある対象について抱く感情が、それと心理的に近い位置にある、つまりそれと似ている別の対象に伝播していくという「感情ネットワークモデル」[28]というものがありますが、これもシンジ君の考えにうまく当てはまりそうです。

それに、東日本大震災で科学技術者への信頼が急激に低下したという、シンジ説を支持してくれそうなデータがありますよ。科学技術政策研究所（現・科学技術・学術政策研究所）という国の機関の報告書に掲載されています。[29]

どういう内容かと言うと、震災前の２００９年11月に「科学技術の研究開発の方向性は、内容をよく知っている専門家が決めるのがよい」という文章を提示して賛否を尋ねたところ、78・8％もの人が「そう思う」か「どちらかというとそう思う」と回答していました。ところが、震災後の２０１１年12月に同じ文章への賛否を尋ねたところ、そう答える比率は45％と、大幅に低下しています。この結果は、平成23年度の国の科学技術白書にも引用され、[30]さらに、最も有力な科学雑誌の一つである『Science』にも掲載されて、[31]科学技術の専門家への信頼が大きく低下したことは自明のこととして扱われています。

また、この研究所の２０１２年６月の報告書では、「インターネット調査で『科学者の話は信頼できると思うか』を聞いたところ、震災前は８割前後（76〜85％）の人が『信頼できる（信頼できる＋どちらかというと信頼できる）』と答えていたのに対して、震災後の信頼度は65％前後となっており、科学者に対する信頼が震災後低下したままであることがわかる」とされています。[29]

つまり、科学技術者への信頼が低下したことを裏付ける調査データもありますし、信頼が低下するというシンジ君の論理もしっかりとスジの通ったものだと思います。

シンジ君　お褒めいただきありがとうございます。じゃあ、リスク管理に対する信頼は全般的に下がったわけですね……って言うと、「本当にそう思いますか？」って返すんですよね。

ナカヤチ　ううっ、そのセリフを言いたかったのに。シンジ君、またまた腕を上げましたね。

シンジ君　専門家への信頼が低下したという、しっかりしたデータがあるというのに、何が問題なのですか？

ナカヤチ　まず一つ目は、科学者というのはその言葉の定義からして、特定の分野の専門家だということです。分子生物学者とか、理論物理学者とか、社会心理学者とかいうふうに、特定領域の専門知識やスキルを持つ人たちです。技術の専門家も同様です。レオナルド・ダ・ビンチのような歴史上の人物は別として、今日の研究者の世界で〝一般科学者〟という科学者は聞いたことがありません。技術の専門家にしても同様です。

ですので、科学技術者への全般的信頼が変化しているかどうかを検証したいなら、さまざまな分野別に科学者への信頼を測定し、それを統合したうえで全体について論じるべきなのです。一般科学者という存在しない対象への信頼を尋ねて科学技術政策をどうこう言っても仕方ないように思います。

二つ目はそれと関連するのですが、２０１１年の後半の調査で、「科学技術者への信頼は？」と抽象的に尋ねられたら、どの分野の科学技術者を連想して回答するだろうか、という問題です。

当時の状況を思い出していただきたいのですが、日本中でまだまだ震災対応、福島の原発対策一色でしたよ。そんなときに「科学技術者への信頼」を尋ねられたら、まず地震の研究者、原発の技術者を連想するのではないでしょうか。そして、あの惨事ですから、信頼は低いと評価されるのは当然でしょう。つまり、そこで信頼が低いと評価されていたのは、科学技術者全般ではなくて、暗黙のうちに、地震や津波、原子力発電に関連する研究者や技術者になってしまっていたと思われます。

シンジ君　そう言われれば、そうですね。では、やっぱり「信頼は全体に低下した」という回答は保留にします。

ナカヤチさんが提示した三つの選択肢の一つは、「震災は他のリスク管理の信頼には影響しない」でしたね。それは、一つひとつのリスク管理に対する信頼が独立しているということでしょうか。

ナカヤチ　そうです。もし、私たちの判断が合理的で、あくまで、それぞれのハザードの犠牲者数や、リスクの大きさ、それへの対応姿勢、などなどを理解したうえで客観的な判断を下すのであれば、他のハザードで多大な犠牲が出たとしても、連想や印象で信頼が変わることはないはずです。

たとえば、ビル火災が発生して多大な犠牲者が出たとします。その火災原因が他のビルにも当てはまるようなものなら、ビルの火災リスク管理に対する信頼は低下して当然です。しかし、ビル火災が起きたからといって、交通事故が増えるわけでもないし、喫煙者が減るわけでもない。そういうふうに、ハザードごとにリスク管理のあり方は異なっているので、地震と原発が大きな被害をもたらしたからといって、直接関係のない他の領域の信頼は本来、別問題です。多くの人がそう考えるなら、東日本大震災後も、地震や原発以外のリスク管理への信頼は変化しないはずです。

シンジ君　それはあくまで、人間の判断が合理的で、一つひとつを丁寧に評価するという前提が正しければということですね。確かに、飛行機事故があったからといって、薬の副作用が増えるとか減るとかは考えないと思います。でも、飛行機事故が起こって、それがあくまで故障による事故だとわかっていても、テロの危険性評価は連想で高まるかもしれません。つい、印象や連想で物事を判断するところが人にはあると思いますので、「他の信頼には影響しない」とはならないような気がします。

残りの選択肢は、東日本大震災で、地震や原発のリスク管理以外の分野では、「信頼はむしろ高まる」というものでしたね。

ナカヤチ　そうです。意外に思うかもしれませんが、理論的にはあり得ます。一つは「対比効果」と呼ばれるものです。[32] 東日本大震災は住民に多大な被害をもたらし、日本の経済、産業、政治的安定性に強い打撃を与えました。その被害があまりに甚大であったため、ほぼすべてのハザードは地震や津波、原発事故に比べたら些末なものに見えてくるかもしれません。そして、もし地震や原子力発電に関わる専門家が、その甚大な被害をもたらすリスクをうまく管理できずに信頼を落としてしまったのなら、それ以外のハザードを管理している専門家は比較的、信頼できるように見えてくるかもしれません。こうして、対比効果により東日本大震災とは直接関連しないハザードのリスク管理者は、信頼評価が高くなるかもしれないのです。

さらに面白い考え方として、「心配総量有限仮説（Finite-pool-of-worry hypothesis）[33]」と呼ばれるものがあります。これは私たちが気に病むことのできる全体量に上限のようなものがあり、ある大きな心配事ができてそれに注意が向けられると、その分、他のことがらへの心配は低下するというものです。

たとえば、リーマンショックで大規模な経済後退が起こると、それまで大きかった地球温暖化に対する心配が低下したと言われます。[34] 東日本大震災は激烈なものでしたが、これで地震のリスクがなくなったわけではありません。むしろ、南海トラフ地震や首都直下型地震など、今後も大きな地震に見舞われるリスクは非常に高いままで、そのことを国民は知っています。また、日本列島には多くの原子力発電所があって、高レベル放射性廃棄物をどう処分するのかという問題も片付いていないのに再稼働の方向に向かいつつあることも日本人は知っています。

ですから、東日本大震災後の出来事は、今後も抱え続ける地震のリスクや原子力発電所事故のリスクに大きな注意と心配を抱かせることになって、その分、他のハザードに対する注意と心配は低下すると考えられます。そして、不安やリスク認知の大きさはそのリスクを管理するリスク管理者への信頼と密接に結びついていることはこれまでの研究でわかっています。リスクが低く抑えられていて、心配しないですむのは管理者がいい仕事をしているからだ、というわけです。こうして、対比効果や心配総量有限仮説から、地震と原発に関係しないリスク管理に対しては、信頼はむしろ高くなると考えられます。

シンジ君　なるほど、そういう考えもありそうですね。で、実際にどれが正しいのかは、調査の結果で決着がつくことになるわけですね。

ナカヤチ　その通りです。

リスク管理への信頼についての全国調査

シンジ君　では、具体的な調査の方法を教えて下さい。東日本大震災による変化を調べるのですから、震災前と震災後に調査[35]を行ったのですね。

ナカヤチ　はい、震災前は２００８年１月から２月にかけて、震災後は２０１２年１月から２月にかけて実施しました。地震から約10ヵ月後というタイミングです。

調査参加者は先にお話しした無作為２段抽出で、まず、大都市、中都市、地方都市、という都市規模と、北海道、東北、関東、……九州沖縄という地域のカテゴリーに分け、それぞれの組み合わせごとのグループをつくって調査地点数を決めます。そして、各グループからランダムに調査地点を抽出します。次に、調査地点に赴き、住民基本台帳から回答に協力していただく成人をやはりランダムに選びます。２００８年調査ではこうして２２００サンプルを抽出し、１１９２名の方からデータを得ています。男女比は男性48％、女性52％です。２０１２年調査は２０００サンプルを抽出し、１１３８名から回答を得ました。男女比は男性47・1％、女性52・9％です。いずれも、かなり代表的な日本人サンプルを構成できたと思います。

調査対象項目は、後で詳しく示しますが、飛行機事故、アスベスト、いじめ、エイズ、農薬、薬の副作用……、と多種多様な51種類のハザードです。どうやってそれら51項目を選んだかというと、リスク認知研究では、いわば〝定番〟となっている項目があります。それらを参考にしながら、この調査でうまく使えそうなものをまず38項目選びました。さらに、現代日本特有のハザードも組み入れるために、新聞（全国紙）の総合面、社会面の見出しを1年分チェックし、入れるべき項目をピックアップしました。

その結果、最終的には、最新の科学技術（たとえば、ナノテクノロジー）から旧来の科学技術（たとえば、鉄道事故）まで含まれ、環境領域でも人為性の強い問題（たとえば、石油の枯渇）から自然現象（たとえば、落雷）まで、疾病についても話題性の強いもの（たとえば、鳥インフルエンザのような新型の伝染病）から死因として代表的なもの（ガン）まで、犯罪においても、身体犯（たとえば、殺人）から財産犯（たとえば、泥棒・空き巣・詐欺など）まで、さらに、新聞記事からピックアップした現代日本特有の問題項目（たとえば、ＢＳＥ〔牛海綿状脳症〕、子供が受ける虐待、食品の偽装表示、耐震偽装、年金問題）も含まれた、幅広い領域をカバーする対象項目群が選定されました。

シンジ君　項目には地震や原子力発電所の事故なども入っていたのですか？

ナカヤチ　はい、原子力発電所の事故はリスク認知研究で取り上げられることの多いハザードですので入れました。地震は日本でこういった調査を行う以上、外せないと思って入れました。

シンジ君　まるで、東日本大震災を予知していたような項目設定ですね。

ナカヤチ　そんなバカな、ノストラダムスじゃあるまいし。元々この調査は、「○○に対する国民の不安が高まっている」「××に関して、日本人の信頼が低下している」といろいろな領域で当たり前みたいに言われることに不満があって始めたのです。みなさん好き勝手に言っているけど、その根拠になるようなデータがないじゃないか、本当のところはわからないのに、何で勝手に、不安だ、不信だと言えるのか、そういうふうに思っていました。そこで、基礎データとして使えるような代表的で網羅的なデータを自分で収集しようと、２００８年に最初の調査を行ったのです。

でも、シンジ君、もし予知能力があって、２００８年時点で3年後に大地震が起こって、東北太平洋沿岸が津波に襲われ、福島第一原発が浸水して全電源喪失、その後の大事故に至るとわかっていたら、何ができたでしょうかね。どうしていたと思います？

シンジ君　現地に行って、住民や原子力発電所に警告する、……かなぁ。

ナカヤチ　本当にそれをやりますか？　たとえ、事故前の福島第一原発にタイムスリップして「いずれ大地震と大津波に襲われるから、それに耐えられるように」と警告を発したとしても、耳を貸してくれる人は少なかったと思いませんか？　下手をすると終末思想の新興宗教かなんかだと思われるでしょう。

シンジ君　タイムスリップするノストラダムスっていう前提がもうカルト宗教を超えていますが。確かに耳を貸してもらえないかもしれませんが、あれだけの惨事を予知できていたなら、何もしないわけにはいかないと思います。

ナカヤチ　ええ、私も何もしなくていいと言っているのではありませんよ。私が言いたいのは、仮にリスク評価の精度が上がったとしても、そのことだけでは災害の被害を抑えられないのではないか、ということです。科学として進歩するだけでは不十分で、リスク評価が人びとに信頼され、被害抑制の行動に結びつかないと何にもならない。

シンジ君　その意味でも、信頼は重要な問題になってきますね。後からこうすれば良かったんだと思うのではなく、そのときそのとき、直面する問題で信頼すべきものを信頼できないと、せっかくの情報を役立てられない。ただ、相反するいろいろな情報が流れる中、何を信頼すべきかは、なかなか見当がつきません。

ナカヤチ　確かにそれは難しい問題です。けれど、統計的に明らかに高いリスクや、専門家間で深刻な状況だと合意されているリスクもあります。にもかかわらず、対策が進まないことも少なくありません。

たとえば、二酸化炭素排出による地球温暖化のリスク評価はどうなんでしょうか。もちろん、リスク評価には不確実性がありますが、気候変動に関する政府間パネル（IPCC）の報告書を軽視する理由はあまりなさそうです。ところが、実効性のある温暖化対策をどんどん実行せよという国民の声が高まっているようには思えません。なぜでしょう。この問題にも心理学的にたいへん面白い要素があるのですが、それについては後で触れるとして、調査方法の説明に戻りましょう。

質問紙ではまず51項目のハザードへの不安評定を求めました。「あなたは以下の項目をどれくらい不安に感じますか」と尋ね、「まったく不安でない」を0点、「非常に不安である」を5点とする6段階リッカート尺度上で回答するよう求めました。

続いて、リスク管理への信頼を尋ねます。まず、「生命や健康、財産を守るために、さまざまな組織が活動しています。たとえば、『薬の副作用』による被害を抑えるために、『厚生労働省』が規制を行い、『製薬会社』も薬の安全性向上に努めています」と一例を提示したうえで、「あなたは、以下の項目による被害を抑えるための組織をどの程度、信頼できますか」と質問しました。

この設問では各リスクの管理体制全般への信頼を尋ねたかったので、質問文には「複数の組織が関わる場合もありますが、直感的なイメージで、全体的な信頼感をお答え下さい」と加えてあります。回答は「まったく信頼できない」を0点、「非常に信頼できる」を5点とする6段階で求めました。回答には「(信頼できる)組織がない」という選択肢も設けました。震災前後の変化を比較できるよう、これらの質問項目や質問紙のフォーマットなどは2008年も2012年もまったく同じになっています。

では、結果を見てみましょう。図7-1は、2008年から震災後の2012年にかけて、リスク管理への信頼評定の平均値が下がった項目から上がった項目へと順に並べたものです。縦の中央線が変化量ゼロを表していて、棒が左に出ている項目は信頼が低下したことを、棒が右に出ている項目は信頼が上昇したことを示しています。

棒の模様については、斜線が入っている上の2項目は統計的に見て信頼評定値が下がったと明確に言える項目、白抜きは変化があったと統計的には言い難い項目、灰色は信頼評定値が上がったと明確に言える項目です。

ご覧のように、震災後に信頼が低下したとはっきり言える項目は原発事故と地震だけでした。その下の失業からテロまでの30項目は変化があったとは言いにくく、さらにその下の飲酒健康影響から食品偽装表示までの19項目については、リスク管理への信頼はむしろ

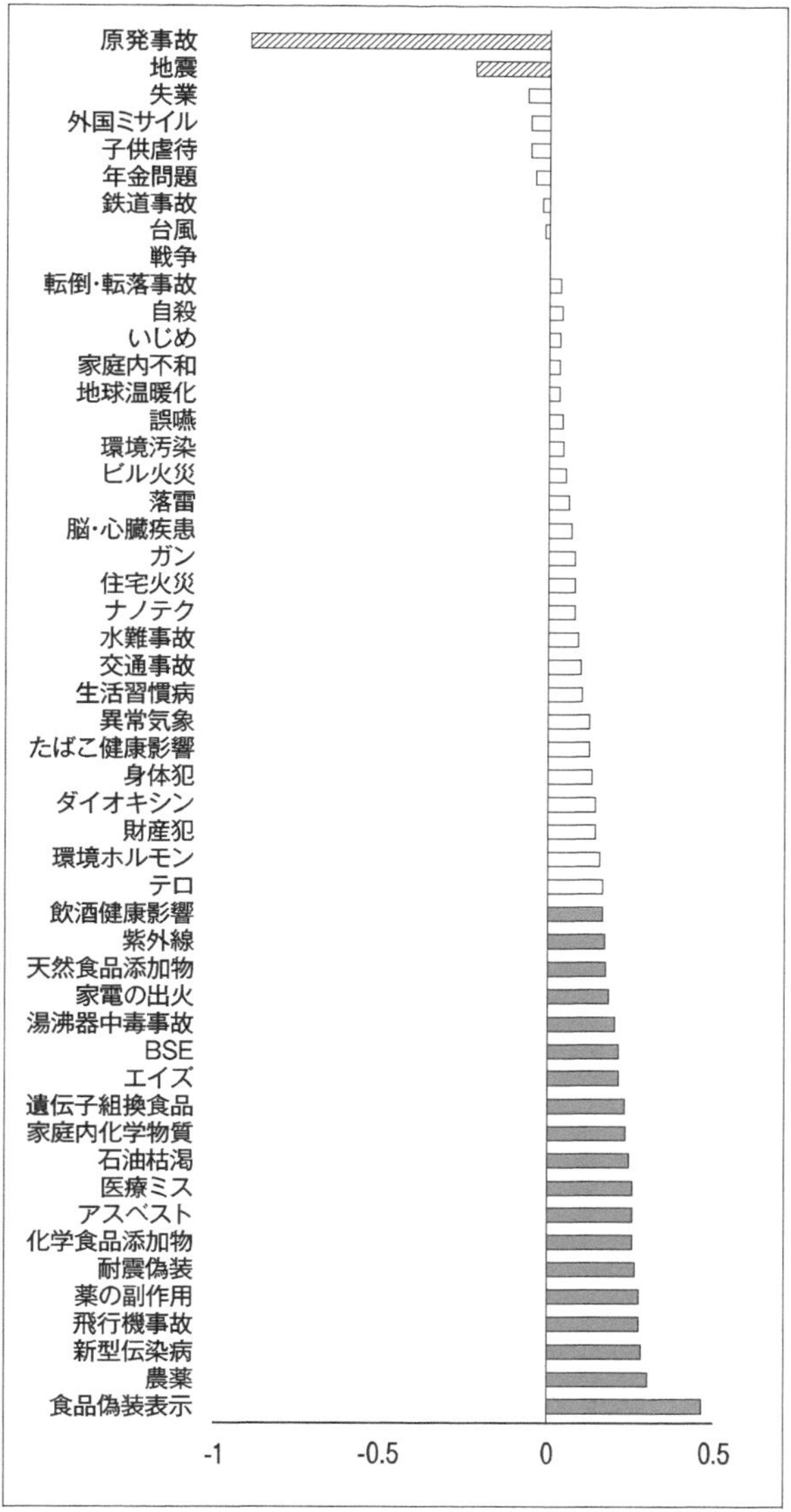

図7－1　リスク管理への信頼評定値の変化量

上がっているのです。原発事故と地震が大きく信頼を下げているにもかかわらず、51項目の全体量で見た場合、信頼評定値はむしろ高くなっていました。

これらの結果から、何が言えるでしょうか?

シンジ君　まず、はっきりしているのは原発や地震に関するリスク管理への信頼は低下したということです。当たり前にも思いますが、それがデータで確認されたということですね。ただ、信頼が低下したのはその2項目だけで、他のハザードに関しては、信頼が悪化したと確認できるものは一つもありませんでした。ですから、不信の拡散や波及効果は見られないと言えますよね。

多くの項目では大きな変化は確認されていませんが、グラフを全体的に見ると中央より右側に寄っていますし、はっきりと信頼が上がった項目が19項目もあるというのは意外でした。これらはリスク管理が実際に向上したので信頼が上がったのでしょうか。

ナカヤチ　必ずしもそうではありませんね。たとえば、食品偽装表示や耐震偽装の防止などは問題が顕在化して以降、それなりに対策が打たれてきました。しかし、2008年から2012年の4年で、たとえば下から2番目の農薬のリスクが劇的に減少したとか、3番目の新型伝染病が根絶したということはありません。飛行機事故や薬の副作用についても同様です。専門的なリスク評価がどうだったのか一つひとつについてはわかりませんが、少なくともマスメディアを通じた市民への情報伝達ということでは、信頼が上昇したほとんどの項目において、リスク管理が充実したという報道が増えたということはなさそうです。

さて結局、東日本大震災を経験して、原発、地震以外のさまざまな領域において、リスク管理に対する日本人の信頼感はどう変わったと言えるのでしょうか。選択肢は、「下がった」「上がった」「影響しない」でした。シンジ君の言うように、少なくとも下がるということはありませんでした。

しばしば耳にする、東日本大震災以降、科学技術に対する信頼は悪化した、という主張は怪しいということになります。結果は「影響しない」というハザードと、どうやら震災のせいで信頼が「上がった」ハザードとがありました。何かシーソーのようですね。ある領域で非常に大きく信頼を崩すような出来事があると、その余波でシーソーのように信頼が上がる領域があるということです。

シンジ君　ということは、ある領域で信頼を高めるようなすばらしい出来事があると、その余波で、別の領域ではシーソーのように信頼が下がるということですか？

ナカヤチ　それはわかりません。調査データがありませんし、そのような事例も聞いたことはありません。そのような事例を耳にしないのは、おそらく、信頼の非対称性が効いているからではないかと思います。信頼を高めるような良い出来事が仮に起こったとしてもあまり目立たず、私たちの判断においても、信頼を崩す悪い情報に比べると強い影響力を持たない。だから、信頼を高める出来事の余波で、別の領域の信頼が変化することはあまりないのかもしれません。

シンジ君　自分とは関係ないところの出来事の余波で自分への信頼が変わるとしたら、関係のないところへは努力のしようもないので怖いことだと思いました。けれども、余波では信頼が上がるだけで、その逆はないとしたら、ラッキーですね。

ナカヤチ　個々の管理者にとっては一面ラッキーかもしれませんが、社会全体にとっては必ずしもそうとは言えないと思います。信頼するに足る正当な理由もなく、関係ない出来事の余波で信頼を上げてしまうのは、結局は、社会にとっても個人にとってもよくないことになるでしょう。

シンジ君の同僚が二人いて、二人とも信頼はマイナス50点だとします。そのうち一人がシンジ君にひどい嘘をついて評価がマイナス100点に落ちたとして、その余波で残りの一人の信頼感がプラスマイナス0点に上がったとしたらどうですか。本当は警戒すべき相手への警戒を緩めることで、シンジ君はその人に騙されてしまうかもしれません。

自分への信頼を高めたいなら、関係ないところからの余波など期待せず、相手の価値を理解してそれを守るよう誠実に努力し、守るだけの能力を実際に身につける。結局はそれしかないと思います。

ところで、２００８年、２０１２年調査では、参加者の方々に各ハザードのリスク管理に対する信頼だけではなく、ハザードそのものへの不安感についても評定してもらっています。その結果も見ておきましょう。[36]次ページの図7−2をご覧下さい。見方は先ほどと同じで、左に出ている斜線の棒は統計的に不安感が増大したと言えるもの、白抜きは変化があるとは言えないもの、右向きの灰色棒は不安感が統計的に下がったと言えるものです。

原発、地震以外では、不安感が上がったのは年金問題のみです。全般的に見ると、多くのハザードへの不安感が下がっていることが見てとれます。統計分析の結果でも、白抜きの19項目に対して、灰色が29項目にもなっています。不安が大幅に下がっている下のほうの項目は、農薬や化学物質利用に関するものなど、先ほどのグラフで信頼が上がっている項目とかなり重なっていることがわかると思います。

それから、先ほど温暖化対策を支持する声があまり大きくないという話をしましたが、これに関連する項目の動きも興味深いですね。地球温暖化は図の下から３番目に位置していて、震災後、大きく不安が低下しています。他にも、石油枯渇（下から10番目）が不安評定値を下げています。２回目の調査（２０１２年）のときに原発への不安が上がり、実際に

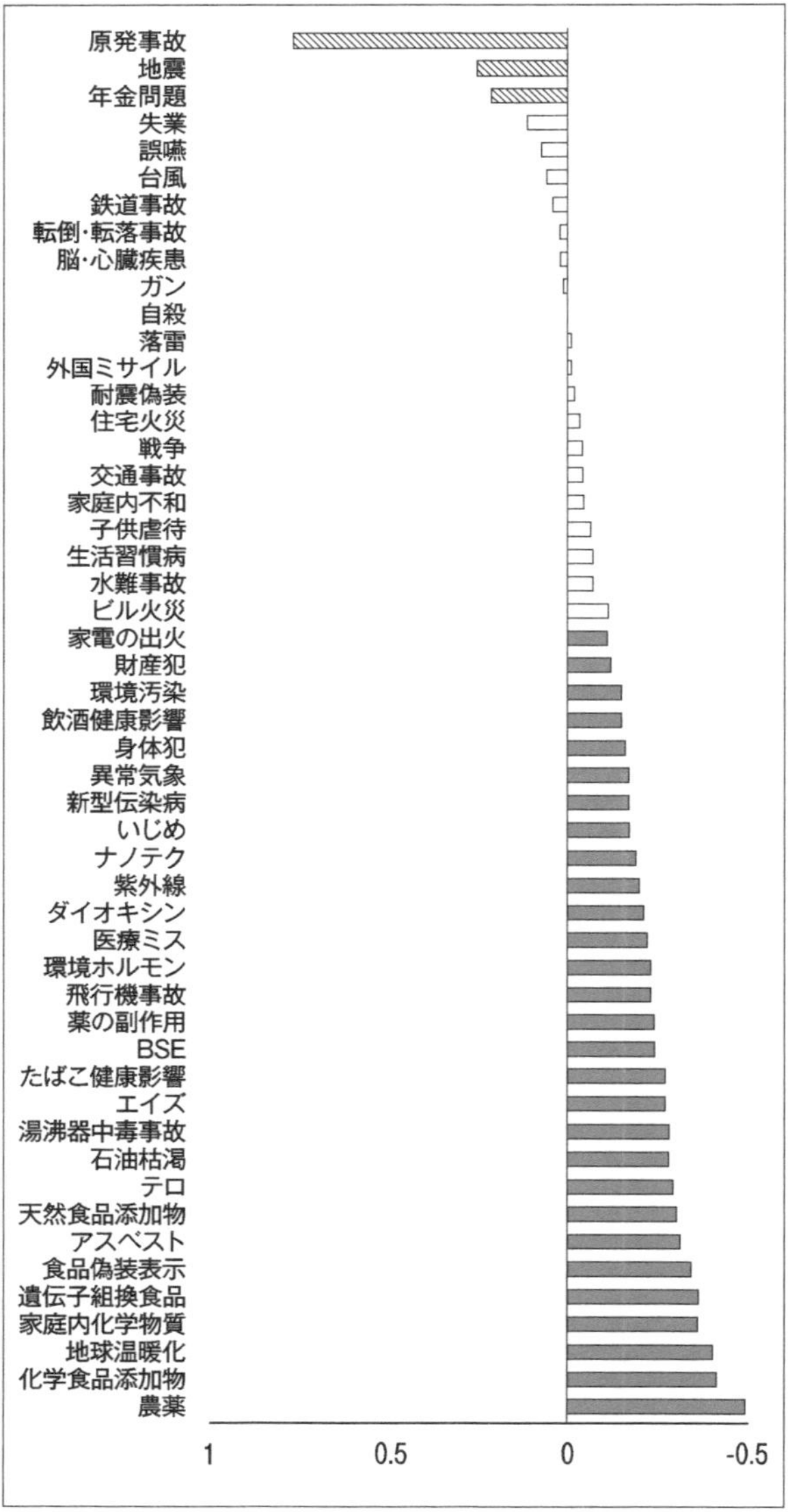

図7－2　不安評定値の変化量

多くの原発が稼働停止の状態にありました。そのため、代替発電手段である火力発電への依存が高まっていたのですが、それを肯定するかのように地球温暖化や石油枯渇への不安は低まっているのです。ですが、気候変動に関する政府間パネル（ＩＰＣＣ）の報告書にあるように、地球温暖化のリスクは高まりこそすれ、下がってはいない。

さあ、調査の結論を申し上げましょう。東日本大震災を経験して、人びとはいろいろな領域で不安を高めているわけではないし、リスク管理を信頼できなくなっているわけでもない。むしろ、原発、地震以外の、震災には直接関係しない領域では不安が小さくなっているものも多いし、信頼も高まっている。

しかし、それは必ずしもめでたいことではない、と私は思います。むしろ、あの大惨事が人びとの不安感を全般的に低下させ、リスク管理への信頼を高めたのだとすれば、それは皮肉なことであり、また、危険なことでもあると思います。

さて、これで私が用意した話題はすべておしまいです。店じまいする前に、シンジ君から疑問点を質問してもらうことにしましょう。

7日目の中間まとめ

・東日本大震災を経験して、人びとの地震、原子力発電のリスク管理に関する信頼は低下した。

・しかし、震災に直接関係しないハザードについては、影響が見られないか、逆に、信頼が向上したものも少なくない。

・ハザードへの不安についても、震災後に不安感が低下したハザードのほうが多い。

・東日本大震災によって、さまざまなリスク領域で不信が高まったとか、不安が高まったという主張があるが、調査結果は必ずしもそれらを支持しない。むしろ、地震と原発に関する評価の低下に対応して、シーソーのように、他領域での信頼の上昇、不安の低下が観察された。

・しかしながら、そのような変化の仕方が好ましいとは考えない。実際のリスクが下がり、実際のリスク管理が充実したときに、不安感が低下し、信頼が上昇するのは合理的であるが、そうでないなら、根拠のない楽観や信頼は災害リスクを大きくするからである。

ここからは、これまで行ってきた信頼をめぐるさまざまな議論を踏まえたうえで、シンジ君が疑問に思うことを質問します。それらに対するナカヤチの意見をもって全体のまとめとしました。

シンジ君の疑問

シンジ君　これまでのお話をうかがったうえで、いくつかお尋ねしたいことが浮かんできました。まず一つ目。価値の共有や、能力、人柄が信頼を築くための大切な要素だということはわかりました。そして、それぞれの要素の働き方は、場合によって重要だったり、そうでもなかったりするという例も嫌というほど聞かされました。

でも、現実にはそれぞれの場面で対応を変えたりすると行き当たりばったりな印象を与えてしまい、かえって不信感を持たれませんか？

ナカヤチ　おっしゃるように、方針が一貫せず、フラフラしていたのでは信頼は得られないでしょう。ただ、私が説明したことは、状況に応じてどれかの要素が不要になるということではありません。状況に応じて、価値の共有や能力、人柄の認知が信頼に結びつく強さは変わりますが、これらの要素はどれも信頼には重要なのです。程度の差はあれ、どの要素も信頼に影響することは統計的にも示されています。

けれども、状況に応じてそのときに対処すべき優先順位は変わってくる。たとえば、信頼が低くなってしまっている場合、あるいは、相手の関心が高い場合には価値の共有が最も重要な信頼規定要因でした。そこで価値共有に重点を置いた対策を行い、それがうまくいって信頼が高まってきたとします。信頼が高まってきたら、次には能力認知に注意してコミュニケーションを図るべきだとしました。しかし、それは、その段階に来たら価値の共有がどうでもよくなるということではありません。そうではなくて、価値の共有認知の高さはベースとして大切にしたまま、付け加えて別の要素である能力認知に取り組もうということなのです。また、それは行き当たりばったりということではなく、系統的に、信頼のコミュニケーションを準備しておこうということであって、どれかの信頼規定要素を排除してもいいというのではありません。

フラフラ方針を変えるというより、むしろ、段階的に一つひとつ取り組む要素を加えていくことが有効だと考えます。

シンジ君　では、二つ目の疑問です。日本人は、一見自分と価値が違うように見えても一本筋の通った人を好んで信頼するように思うのですが、それはそれで価値の共有と言えるのでしょうか？　職人気質なんて頑固であればあるほど称賛されたりしますよね。

ナカヤチ　面白い質問ですね。頑固な職人気質というのは、別の言い方をすると他人の価値など顧みず、自分にとっての価値を追求するということですね。そして、その職人の価値の方向性が自分とは真逆でも「敵ながらあっぱれ！」と称賛することはあり得るでしょう。ただ、絶対に一本筋を通すけれど、その人と自分の方向性が違う場合、たいていは職人気質として肯定的に評価されることはなく、ただの偏執狂とか、迷惑な執着気質、一種のストーカー、として否定的に見なされるのではないでしょうか。頑固な職人気質と称賛するときは、実はその生き様に共感を覚えている場合か、あるいは、せいぜい自分にとっての価値とは無関係だから称賛する余裕があるということではないですか。

これまでの話で問題としてきたのは信頼です。これは、自分の利害に関係のある何かを誰かに委ねて、その結果ひどい目にあうリスクはあるけれども、そうはならないだろうと期待することです。

たとえば、すばらしく腕のいい職人気質の空き巣がいたとします。その空き巣の手口はみごとなもので、自分のやり方を変えることはありません。一本筋が通っています。しかし、その活動は、財産を守り安全に暮らすという一般市民の価値を脅かすものでしょう。さて、シンジ君は自分の家をその空き巣に委ねたいですか？　他人《ひと》ごととして「ご立派！」と評価するのと、リスクをかけて信頼するのとは別ものということです。

シンジ君　わかりました。戸締まりには気をつけます。では、三つ目に行きます。価値の共有は、常にリスク管理者が人びとに合わせなくてはいけないのですか？　企業やリスク管理者側が価値を提案し、人びとを引っ張っていくというのはまずいのですか？

ナカヤチ　ぜんぜんまずくはないですよ。むしろ、積極的に企業理念を示し、そこに表現される価値が、人びとのそれと一致するのであれば、それを実現することで社会からの信頼を得られるでしょう。おっしゃることはリーダーシップの重要な側面でもあります。そもそも自分たちの価値が何であるのかをはっきり示すことは、その価値を誰かに合わせるとか合わせないとかにかかわらず、人びとに価値を認知され、共感を得るためには、とても大切なことでしょう。

ただ、平時の万事順調なときにアピールする価値と、不祥事を起こしてしまった場合にケアしなければならない価値とは、必ずしも同じではないでしょう。特に、誰かに迷惑をかけてしまった場合には、自分の価値を一方的に押しつけるのはダメで、相手にとって何が重要な価値なのかを理解することが大切になってくるはずです。そして、相手の価値を損なってしまった場合には、回復に向けて努力することが信頼を取り戻す第一歩だと思います。今回のシンジ君の相談は、トラブルや不祥事の発生に備えてのものでしたので、相手の価値への配慮を強調してきました。

シンジ君　では、四つ目、これで最後です。それぞれの状況で信頼を得るための優先的な要素が変わるといっても、いくつものパターンに備えてリスク管理をすることは現実には無理なんじゃないかと思います。どんなときにも「これだけは！」というような万能薬的な処方はないのですか？

ナカヤチ　さまざまな状況を通じて、どんなときでも信頼のベースにある最も重要な要素は価値の共有だと考えています。けれども、これは具体的なレベルでの万能薬を提案することはできないことを意味します。

なぜなら、価値は個人や組織によってそれぞれ異なるからです。ある人と価値を共有して信頼を得られるということは、逆に言うと、別の価値を持つ人からは信頼されないことを意味します。信頼のベースになる価値というのは、まあまあどうでもいいという価値ではなく、これだけは譲れないというようなその人にとって大事な価値です。そういう価値は人によってかなり違ったベクトルを示すことが多いですから、万能薬を目指して、誰にでも共鳴してもらえる当たり前の価値を提案したとしても、結局は、誰からも強くは信頼されないように思います。

そこで、自分が想定する状況で、ターゲットとなる人たちの価値がどのようなものかを把握しておき、そこにアプローチすることが賢明だと考えます。そこでターゲットとなる人たちは特定セクターの人びとだったり、もっと広く、自社製品の顧客だったり、さらには世間だったりと、幅に違いがあって、幅の広いターゲットは対象となる人数規模も大きくなります。人数規模が大きくなれば、一見、万能薬に近づけるように見えるかもしれません。しかし、実際には対象を明確に意識し、あくまで特定の状況で、特定のターゲットに絞り込まないと信頼の構築はうまくいかないと思います。つまり、闇雲《やみくも》にすべての人びとを取り込もうとすることはできないということです。

社会が豊かになることで価値観が多様化していると言われます。逆に言うと、すべての人がある特定のことがらに集中して関心を持ち、その成り行きについて同じ帰結を願い、同じ感情を共有する、というのはその社会の豊かさが失われたかなり危機的な状況かもしれません。そのような状況では、誰かが積極的に価値を提案してそれに人びとが共鳴して、熱狂と言ってもいいような強力な信頼が生まれ、社会全体が一つの方向に引っ張られる素地ができやすいように思います。しかし、そのように強力なリーダーシップや信頼が生まれる状況が、人びとにとって幸福な結果をもたらすのかどうか。この問題への答えは歴史の中に見出せるでしょう。

あと、万能な処方ということでは、私も仕事でいろいろな人にお会いしますが、「科学的に正しい対処をすることが信頼につながる」「正確な情報を発信し続けることが大切」

とおっしゃる方にしばしば出会います。これらの意見は、科学的で正確であることが万能な信頼獲得の処方である、という信念を表しています。これは、これまでお話ししてきた分析の枠組みに当てはめると、能力認知が信頼を決めるという考え方です。しかし、同様にこれまでの分析結果に当てはめると、その考え方は必ずしも報われるとは言えません。特に、信頼が低い場合には、能力認知は信頼構築に対してそれほど貢献していませんでした。

科学にとって重要なのは〝再現性〟というもので、これはその人の意見にかかわらず、誰が行っても同じデータが得られ、同じ分析結果が出るということです。だから、誰が正しいのか、科学によってはっきりシロクロをつけることができるはずだと思われています。

ところが、実際によく観察されるのは、科学の専門家たちがお互いにまったく逆のことを主張し、それに対して市民が自分の信念や価値に一致する専門家の見解こそ正しいと見なす、というどちらも見ようによってはシロとなるような構図です。表面的には科学的な論争のように見えて、実は政治的な論争なのです。言い換えると、表面的には能力認知が重要なように見えますが、実は、価値の共有が背景で働いているということです。

科学的に正しい、とか、正確な情報、という場合の正しさや正確さは、どのような立場の人にとって正しく正確なのかをよく考えてみるべきでしょう。実際、先のような信念をお持ちの方とよくよく話をしてみると、「科学的に正しい情報発信が信頼につながる……はずなのに、なかなかうまくいかない」とフラストレーションを感じ、苦労されていることが多いようです。

シンジ君の四つの質問は、どれも現場で苦労している人の実感が滲《にじ》み出るものですね。いまの回答に限らず、私はこれまで理論とデータに基づいて論理的にお話ししてきたつもりです。龍馬・モスラ（幼虫）仮説も含めて。けれども、率直に言って、私たちの分野では特定の理論がどんな状況にも当てはまるとは考えにくいですし、真逆の理論がそれぞれデータで支持されている場合もあります。そういう研究状況の中でお話ししてきましたので、どの理論をチョイスするか、どのデータを信じるかという点で、主観的な判断や個人的な思いが絡んでしまっているかもしれません。その点を差っ引いて現場に持ち帰ってください。

シンジ君　はい、長いおつきあいですから、そういうところは心得ています。それに、ナカヤチさんが真面目に脱線していくのにも十分慣れています。

桃太郎のはかりごと

ナカヤチ　さて、私たちのミーティングは鬼の話で始まりましたから、最後も鬼で締めましょう。シンジ君、「桃太郎」をご存じですよね。

シンジ君　はい、桃から生まれた桃太郎が、犬、猿、キジを家来にして、鬼ヶ島で鬼退治をするというお話ですね。

ナカヤチ　はい、その桃太郎です。この話、なんかヘンだと思いませんか？

シンジ君　確かにヘンですね。桃から人が生まれてくるわけないですから。

ナカヤチ　シンジ君、バカ？　私たちは信頼の話をしているんですよ。何で出生の不思議にいくんですか。それを言うなら、人間とキジが会話するのもおかしいですし、そもそも、本当に鬼なんかいるのか、っていう話ですよ。

シンジ君　わかりましたよ、信頼ですね。桃太郎で信頼が問題になるとしたら、桃太郎と家来3匹との信頼関係でしょうね。

ナカヤチ　その通りです。では、ここで問題です。桃太郎は何のために鬼ヶ島に行くことにしたのでしょうか？

シンジ君　そりゃ、鬼退治です。

ナカヤチ　じゃあ、他の３匹は？

シンジ君　確か、キビ団子をもらって、家来になったからですね。

ナカヤチ　そうです。つまり、桃太郎と家来たちは価値を共有していない。桃太郎は鬼退治、家来たちはキビ団子です。彼らは、これから鬼という強い相手と戦おうとしています。戦闘では、味方同士の高度な協力関係、信頼関係が求められます。にもかかわらず、信頼のコアである、価値の共有がない。そんなことで、強力な鬼軍団に勝てるはずがない。ところが実際には大勝利したという。ここに矛盾があります。

　だいたい、家来はキビ団子をもらったくらいで、命をかけて鬼と戦おうとするでしょうか。キジなんてもらうだけもらって、ケーンと飛び立てば簡単に逃げられます。猿も木から木に飛び移って、森に逃げれば終わりです。犬だって、本気で走れば桃太郎には絶対追いつけません。必死で逃げる犬の後を、背中にのぼりを差した桃太郎が追っかけるシーンを想像してみて下さい。ほら、どんどん引き離されていくでしょう。つまり、３匹とも簡単にふりきれる。にもかかわらず、鬼ヶ島までついて行ったという。これもおかしい。

シンジ君　おとぎ話って、そういうもんじゃないですか。

ナカヤチ　いえ、私は桃太郎がある段階で、価値の共有を図ったんだと思います。だからこそ、家来はキビ団子を食べてしまった後でも鬼ヶ島まで同行し、戦闘において協力関係を発揮できたのでしょう。

どのようにそれを行ったのか？　私の想像では、キビ団子を与えて「桃太郎に従えば報酬が得られる」という実績をつくった直後に、謀議を開いたんだと思います。桃太郎はすでに、鬼ヶ島には金銀財宝が豊かに貯蔵されていること、そして、酒を飲むと鬼の戦闘能力は格段に低下することを熟知していて、それを謀議の中で伝えた。一人ひとり（一匹いっぴき）では鬼に勝てないけれど、お互いの長所を生かして協力すれば、勝利はわれわれのものだ！

これで、ミッシング・ピースがはまりました。

シンジ君　じゃあ、桃太郎が鬼退治をしたのは、村人がひどい目にあわされていたからではない、と言うのですか。

ナカヤチ　ええ、ただの財宝狙いです。桃太郎と、犬、猿、キジは鬼の財宝を分捕《ぶんど》って自分たちのものにするという目的で一致団結したのです。だから、相互の信頼が生まれ、協力して戦えた。

ただ、村人の利害をまったく考えなかったわけではないと思います。なぜなら、鬼との戦いに村人は巻き込まず、キビ団子という恐ろしく安価な報酬で傭兵を調達したのですから。……いや、ちょっと待てよ。もしかしたら、村人を戦闘に巻き込みたくなかったのではなく、分捕った財宝を分けるのが嫌で村人を近づけなかったのではないか。どう見ても、キジより人間のほうが強欲ですからね。うーん、桃太郎、恐るべき策士！

シンジ君　……そんなことを考えながらおとぎ話を聞いてたんですか。かわいくない子供だったでしょうね。

ナカヤチ　どんな子供でも親にはかわいいものです。それよりシンジ君、童話は信頼の不思議の宝庫です。次回は「浦島太郎」を読んできて下さい。あの話の信頼問題の摩訶《まか》不思議さも、解きごたえがあります。シンジ君の問題解決にもつながりますよ、たぶん。

あとがき

本書はナカヤチとシンジ君の対話の形をとりました。このほうが信頼についてわかりやすく説明できるだろうと思ってのことですが、成果はいかがでしたでしょうか。漫才にたとえると、ナカヤチにはボケ、シンジ君にはツッコミの役回りを与えています。シンジ君には少しトボケた、人を食ったようなところもあって、ときおりダブルボケの掛け合いになります。両人ともあくまで架空の人物であり、私とは別人格です。

浮気防止爆発時計ももちろん、架空の話です。これまで信頼の性質を説明するためにいろいろなたとえ話を考案してきましたが、この爆発時計が最もよく理解してもらえるようで、授業や講演でもこの話をするときには多くの方々が頷《うなず》きながら聴いてくれます。

なぜ、男女関係にたとえるとものごとが理解しやすくなるのか、進化心理学的な説明が可能だと思うのですが、それはまた別の機会にとっておきましょう。

ところで、浮気防止の話はあくまでわかりやすいから書いているだけであって、べつに私どもの夫婦関係が危機に瀕しているわけではありません（あとがき執筆時点）。それどころか、妻・寿美子は自分の仕事の傍ら、私の仕事にもたいへん協力的で、私の書く原稿はほとんど彼女に修正してもらっています。本書の原稿ファイルもいつもどおり真っ赤になって戻ってきましたが、いちいち読んでいると厳しいコメントに心が折れそうになるので、そのままワープロの校正機能で清書状態にして編集の田中浩史氏に送付しています。

そういうわけで本書に至らない点があれば、責任の半分は彼女にあることを表明して稿を終えたいと思います。

中谷内一也

31 Arimoto, T. & Sato, Y. (2012). Rebuilding public trust in science for policy-making. *Science,* 337, 1176–1177.

32 Helson, H. (1964). *Adaptation-level Theory: An Experimental and Systematic Approach to Behavior.* NY: Harper & Row.

Simonson, I. & Tversky, A. (1992). Choice in context: Tradeoff contrast and extremeness aversion. *Journal of Marketing Research,* 29, 281–295.

33 Hansen, J., Marx, S. & Weber, E. U. (2004). The role of climate perceptions, expectations, and forecasts in farmer decision making: *The Argentine Pampas and South Florida.* International Research Institute for Climate Prediction (IRI), Palisades, NY: Technical Report 01–04.

Weber, E. U. (2006). Experience-based and description-based perceptions of long-term risk: Why global warming does not scare us (yet). *Climatic Change,* 77, 103–120.

34 Weber, E. U. (2010). What shapes perceptions of climate change? *Wiley Interdisciplinary Reviews: Climate Change,* 1, 332–342.

35 Nakayachi, K. (2015). Examining public trust in Risk-managing organizations after a major disaster. *Risk Analysis,* 35, 57–67.

36 Nakayachi, K., Yokoyama, H. M. & Oki, S. (2015). Public anxiety after the 2011 Tohoku earthquake: Fluctuations in hazard perception after catastrophe. *Journal of Risk Research,* 18, 156–169.

文献番号12, 21, 26, 27, 35, 36は日本学術振興会科学研究費13610148, 18330136,21330149, 24330189の助成を受けたものです。

6日目

25 Schelling, T. C. (1960). *The Strategy of Conflict.* London: Oxford University Press.

Raub, W. & Keren, G. (1993). Hostages as a commitment device: A game-theoretic model and an empirical test of some scenarios. *Journal of Economic Behavior and Organization,* 21, 43–67.

Williamson, O. E. (1983). Credible commitments: Using hostages to support exchange. *The American Economic Review,* 73, 519–540.

26 Nakayachi, K. & Watabe, M. (2005). Restoring trustworthiness after adverse events: The signaling effects of voluntary "Hostage Posting" on trust. *Organizational Behavior and Human Decision Processes,* 97, 1–17.

27 Nakayachi, K. & Ozaki, T. (2014). A method to improve trust in disaster risk managers: Voluntary action to share a common fate. *International Journal of Disaster Risk Reduction,* 10 (part A), 59–66.

7日目

28 Bower, G. H. (1981). Mood and memory. *American Psychologist,* 36, 129–148.

Bower, G. H. (1991). Mood congruity of social judgments. In J.P. Forgas (Ed.), *Emotion and Social Judgments,* 31–53. Oxford: Pergamon Press.

29 科学技術政策研究所（2012）「科学技術に対する国民意識の変化に関する調査 －インターネットによる月次意識調査および面接調査の結果から－」
http://data.nistep.go.jp/dspace/handle/11035/1156

30 文部科学省（2012）『平成24年版 科学技術白書』
http://www.mext.go.jp/b_menu/hakusho/html/hpaa201201/1310970.htm

4日目

19 中谷内一也・工藤大介・尾崎拓（2014）「東日本大震災のリスクに深く関連した組織への信頼」『心理学研究』、85、139–147。

4日目の図は、上記論文に基づき著者作成。

20 Arkes, H. R. & Blumer, C. (1985). The psychology of sunk cost. *Organizational Behavior and Human Decision Processes,* 35, 124–140.

日本語で読めるものとしては、

友野典男（2006）『行動経済学　経済は「感情」で動いている』光文社新書。

サンク・コスト効果は第6章「フレーミング効果と選好の形成」に他の判断バイアスと共にわかりやすく述べられている。

5日目

21 Nakayachi, K. & Cvetkovich, G. (2010). Public trust in government concerning tobacco control in Japan. *Risk Analysis,* 30, 143–152.

22 The World Health Organization. 10 facts on the tobacco epidemic and its control.

http://www.who.int/features/factfiles/tobacco_epidemic/en/index.html, 現在はアクセス不可。その後のたばこ税の効果に関するＷＨＯの議論は以下でアクセスできる。http://www.who.int/tobacco/en

23 日本たばこ産業株式会社（2009）「たばこ税増税に対するＪＴの意見」

http://www.jti.co.jp/news/tobaccozei.html

24 Skitka, L. J. & Mullen, E. (2002). Understanding judgments of fairness in a real-world political context: A test of the value protection model of justice reasoning. *Personality and Social Psychology Bulletin,* 28, 1419–1429.

dominance, and contagion. *Personality and Social Psychology Review*, 5, 296–320.

10 確証バイアスを扱った研究は多数あるが、その中で著名なものとしては、

Wason, P. C. (1968). Reasoning about a rule. *Quarterly Journal of Experimental Psychology*, 20, 273–281.

11 Cvetkovich, G. T., Siegrist, M., Murray, R. & Tragesser, S. (2002). New information and social trust: Asymmetry and perseverance of attributions about hazard managers. *Risk Analysis*, 22, 359–367.

12 Nakayachi, K. (2013). The unintended effects of risk-refuting information on anxiety. *Risk Analysis*, 33, 80–91.

13 Dawkins, R. (1982). *The Extended Phenotype: The Long Reach of the Gene*. NY: Oxford University Press.（日高敏隆・遠藤彰・遠藤知二訳〈1987〉『延長された表現型』紀伊國屋書店）

14 Haidt, J. (2012). *The righteous mind: Why good people are divided by politics and religion*. NY: Vintage.（高橋洋訳〈2014〉『社会はなぜ左と右にわかれるのか：対立を超えるための道徳心理学』紀伊國屋書店）

３日目

15 Boehm, C. (2012). *Moral Origins: The Evolution of Virtue, Altruism, and Shame*. NY: Basic Books.（斉藤隆央訳〈2014〉『モラルの起源』白揚社）

16 本多猪四郎監督（1964）映画『三大怪獣 地球最大の決戦』東宝。

17 Sherif, M., Harvey, O. J., White, B. J., Hood, W. R. & Sherif, C. W. (1961). *Intergroup Conflict and Cooperation: The Robbers Cave Experiment*. Norman: University of Oklahoma Book Exchange.

18 事件そのものの経緯は以下に詳しい。

藤原邦達（2002）『雪印の落日』緑風出版。

参考文献

1日目

1 浜田廣介（1965）『ないた あかおに』偕成社。

2 Rousseau, D. M., Sitkin, S. B., Burt, R. S. & Camerer, C. (1998). Not so different after all: A cross discipline view of trust. *Academy of Management Review,* 23, 393–404.
信頼概念の整理を日本語で読めるものとしては、
山岸俊男（1998）『信頼の構造』東京大学出版会。

3 Hovland, C. I., Janis, I. L. & Kelley, H. H. (1953). *Communication and Persuasion.* CT: Yale University Press.（辻正三・今井省吾訳〈1960〉『コミュニケーションと説得』誠信書房）

4 Johnson, B. B. (1999). Exploring dimensionality in the origins of hazard-related trust. *Journal of Risk Research,* 2, 325–354.

5 Metlay, D. (1999). Institutional trust and confidence: A journey into a conceptual quagmire. In G. Cvetkovich & R. E. Löfstedt (Eds.), *Social Trust and the Management of Risk,* 100–116. London: Earthscan Publications.

6 Earle, T. C. & Cvetkovich, G. T. (1995). *Social Trust: Toward a Cosmopolitan Society.* Westport, CT: Praeger Publishers.
日本語でこのモデルを説明するものとしては、
中谷内一也（2008）『安全。でも、安心できない…』ちくま新書。

7 Rousseau, D. M., Sitkin, S. B., Burt, R. S. & Camerer, C. (1998). Not so different after all: A cross discipline view of trust. *Academy of Management Review,* 23, 393–404.
上掲の山岸（1998）でも同様の考えが示されている。

2日目

8 Slovic, P. (1993). Perceived risk, trust, and democracy. *Risk Analysis,* 13, 675–682.

9 Rozin, P. & Royzman, E. B. (2001). Negativity bias, negativity

N.D.C.140　227p　18cm
ISBN978-4-06-288347-4

講談社現代新書　2347

信《しん》頼《らい》学《がく》の教《きょう》室《しつ》

二〇一五年一二月二〇日第一刷発行　二〇二四年八月二三日第四刷発行
著　者　中谷内《なかやち》一也《かずや》　©Kazuya Nakayachi 2015
発行者　森田浩章
発行所　株式会社講談社
東京都文京区音羽二丁目一二―二一　郵便番号一一二―八〇〇一
電　話　〇三―五三九五―三五二一　編集（現代新書）
〇三―五三九五―四四一五　販売
〇三―五三九五―三六一五　業務
装幀者　中島英樹
印刷所　株式会社ＫＰＳプロダクツ
製本所　株式会社ＫＰＳプロダクツ
定価はカバーに表示してあります　Printed in Japan

「講談社現代新書」の刊行にあたって

教養は万人が身をもって養い創造すべきものであって、一部の専門家の占有物として、ただ一方的に人々の手もとに配布され伝達されうるものではありません。

しかし、不幸にしてわが国の現状では、教養の重要な養いとなるべき書物は、ほとんど講壇からの天下りや単なる解説に終始し、知識技術を真剣に希求する青少年・学生・一般民衆の根本的な疑問や興味は、けっして十分に答えられ、解きほぐされ、手引きされることがありません。万人の内奥から発した真正の教養への芽ばえが、こうして放置され、むなしく滅びさる運命にゆだねられているのです。

このことは、中・高校だけで教育をおわる人々の成長をはばんでいるだけでなく、大学に進んだり、インテリと目されたりする人々の精神力の健康さえもむしばみ、わが国の文化の実質をまことに脆弱なものにしています。単なる博識以上の根強い思索力・判断力、および確かな技術にささえられた教養を必要とする日本の将来にとって、これは真剣に憂慮されなければならない事態であるといわなければなりません。

わたしたちの「講談社現代新書」は、この事態の克服を意図して計画されたものです。これによってわたしたちは、講壇からの天下りでもなく、単なる解説書でもない、もっぱら万人の魂に生ずる初発的かつ根本的な問題をとらえ、掘り起こし、手引きし、しかも最新の知識への展望を万人に確立させる書物を、新しく世の中に送り出したいと念願しています。

わたしたちは、創業以来民衆を対象とする啓蒙の仕事に専心してきた講談社にとって、これこそもっともふさわしい課題であり、伝統ある出版社としての義務でもあると考えているのです。

一九六四年四月　野間省一

知的生活のヒント

自然科学・医学

1141 安楽死と尊厳死——保阪正康
1328 「複雑系」とは何か——吉永良正
1343 カンブリア紀の怪物たち　サイモン・コンウェイ・モリス　松井孝典 監訳
1500 科学の現在を問う　村上陽一郎
1511 優生学と人間社会——米本昌平 松原洋子 橳島次郎 市野川容孝
1689 時間の分子生物学——粂和彦
1700 核兵器のしくみ——山田克哉
1706 新しいリハビリテーション　大川弥生
1786 数学的思考法——芳沢光雄
1805 人類進化の700万年　三井誠
1813 はじめての〈超ひも理論〉　川合光
1840 算数・数学が得意になる本　芳沢光雄
1861 〈勝負脳〉の鍛え方——林成之
1881 「生きている」を見つめる医療——中村桂子 山岸敦
1891 生物と無生物のあいだ　福岡伸一
1925 数学でつまずくのはなぜか　小島寛之
1929 脳のなかの身体——宮本省三
2000 世界は分けてもわからない　福岡伸一
2023 ロボットとは何か——石黒浩
2039 ソーシャルブレインズ入門　藤井直敬
2097 〈麻薬〉のすべて——船山信次
2122 量子力学の哲学——森田邦久
2166 化石の分子生物学——更科功
2191 DNA医学の最先端　大野典也
2204 森の力——宮脇昭
2219 宇宙はなぜこのような宇宙なのか——青木薫
2226 宇宙生物学で読み解く「人体」の不思議——吉田たかよし
2244 呼鈴の科学——吉田武
2262 生命誕生——中沢弘基
2265 SFを実現する——田中浩也
2268 生命のからくり——中屋敷均
2269 認知症を知る——飯島裕一
2292 認知症の「真実」——東田勉
2359 ウイルスは生きている　中屋敷均
2370 明日、機械がヒトになる　海猫沢めろん
2384 ゲノム編集とは何か　小林雅一
2395 不要なクスリ 無用な手術　富家孝
2434 生命に部分はない——A・キンブレル　福岡伸一 訳

政治・社会

1145 冤罪はこうして作られる——小田中聰樹
1201 情報操作のトリック——川上和久
1488 日本の公安警察——青木理
1540 戦争を記憶する——藤原帰一
1742 教育と国家——高橋哲哉
1965 創価学会の研究——玉野和志
1977 天皇陛下の全仕事——山本雅人
1978 思考停止社会——郷原信郎
1985 日米同盟の正体——孫崎享
2068 財政危機と社会保障——鈴木亘
2073 リスクに背を向ける日本人——山岸俊男 メアリー・C・ブリントン
2079 認知症と長寿社会——信濃毎日新聞取材班

2115 国力とは何か——中野剛志
2117 未曾有と想定外——畑村洋太郎
2123 中国社会の見えない掟——加藤隆則
2130 ケインズとハイエク——松原隆一郎
2135 弱者の居場所がない社会——阿部彩
2138 超高齢社会の基礎知識——鈴木隆雄
2152 鉄道と国家——小牟田哲彦
2183 死刑と正義——森炎
2186 民法はおもしろい——池田真朗
2197 「反日」中国の真実——加藤隆則
2203 ビッグデータの覇者たち——海部美知
2246 愛と暴力の戦後とその後——赤坂真理
2247 国際メディア情報戦——高木徹

2294 安倍官邸の正体——田﨑史郎
2295 福島第一原発事故 7つの謎——NHKスペシャル『メルトダウン』取材班
2297 ニッポンの裁判——瀬木比呂志
2352 警察捜査の正体——原田宏二
2358 貧困世代——藤田孝典
2363 下り坂をそろそろと下る——平田オリザ
2387 憲法という希望——木村草太
2397 老いる家 崩れる街——野澤千絵
2413 アメリカ帝国の終焉——進藤榮一
2431 未来の年表——河合雅司
2436 縮小ニッポンの衝撃——NHKスペシャル取材班
2439 知ってはいけない——矢部宏治
2455 保守の真髄——西部邁

経済・ビジネス

350 経済学はむずかしくない〈第2版〉──都留重人
1596 失敗を生かす仕事術 畑村洋太郎
1624 企業を高めるブランド戦略──田中洋
1641 ゼロからわかる経済の基本──野口旭
1656 コーチングの技術──菅原裕子
1926 不機嫌な職場──高橋克徳 河合太介 永田稔 渡部幹
1992 経済成長という病──平川克美
1997 日本の雇用──大久保幸夫
2010 日本銀行は信用できるか 岩田規久男
2016 職場は感情で変わる 高橋克徳
2036 決算書はここだけ読め！──前川修満
2064 決算書はここだけ読め！キャッシュ・フロー計算書編 前川修満

2125 ビジネスマンのための「行動観察」入門 松波晴人
2148 経済成長神話の終わり アンドリュー・J・サター 中村起子 訳
2171 経済学の犯罪──佐伯啓思
2178 経済学の思考法──小島寛之
2218 会社を変える分析の力 河本薫
2229 ビジネスをつくる仕事 小林敬幸
2235 20代のための「キャリア」と「仕事」入門──塩野誠
2236 部長の資格──米田巖
2240 会社を変える会議の力 杉野幹人
2242 孤独な日銀──白川浩道
2261 変わった世界 変わらない日本──野口悠紀雄
2267 「失敗」の経済政策史 川北隆雄
2300 世界に冠たる中小企業 黒崎誠

2303 「タレント」の時代──酒井崇男
2307 AIの衝撃──小林雅一
2324 〈税金逃れ〉の衝撃 深見浩一郎
2334 介護ビジネスの罠──長岡美代
2350 仕事の技法──田坂広志
2362 トヨタの強さの秘密 酒井崇男
2371 捨てられる銀行──橋本卓典
2412 楽しく学べる「知財」入門──稲穂健市
2416 日本経済入門──野口悠紀雄
2422 捨てられる銀行2 非産運用──橋本卓典
2423 勇敢な日本経済論──髙橋洋一 ぐっちーさん
2425 真説・企業論──中野剛志
2426 東芝解体 電機メーカーが消える日 大西康之

宗教

27 禅のすすめ——佐藤幸治

135 日蓮——久保田正文

217 道元入門——秋月龍珉

606 「般若心経」を読む——紀野一義

667 生命《いのち》あるすべてのものに　マザー・テレサ

698 神と仏——山折哲雄

997 空と無我——定方晟

1210 イスラームとは何か——小杉泰

1469 ヒンドゥー教　クシティ・モーハン・セーン 中川正生 訳

1609 一神教の誕生——加藤隆

1755 仏教発見！——西山厚

1988 入門 哲学としての仏教　竹村牧男

2100 ふしぎなキリスト教——橋爪大三郎 大澤真幸

2146 世界の陰謀論を読み解く——辻隆太朗

2159 古代オリエントの宗教　青木健

2220 仏教の真実——田上太秀

2241 科学vs.キリスト教——岡崎勝世

2293 善の根拠——南直哉

2333 輪廻転生——竹倉史人

2337 『臨済録』を読む——有馬頼底

2368 「日本人の神」入門——島田裕巳

世界史Ⅰ

世界史Ⅱ

文学

趣味・芸術・スポーツ

日本語・日本文化